Kerstin Biehl

Glücksorte im Spessart

Fahr hin & werd glücklich

Dieses

Glücksbuch

ist für

Liebe Glücksuchende,

es war mir eine Freude, dieses Buch für Sie zu schreiben! Der Spessart ist ein Schatz. Entdecken können Sie ihn mithilfe der folgenden Seiten. So wie ich auf meiner Recherche, bei der ich so viele einzigartige, spannende und entspannende, magische und lustige Glücksorte mit viel Liebe und Herzblut aufgespürt und erlebt habe.
Ich durfte tolle Menschen kennenlernen, die mir mit ihrem Heimatwissen dabei geholfen haben, diesem Buch eine ganz persönliche Note zu geben. Dafür ein Dankeschön von Herzen! Mehr denn je bin ich seitdem Spessart-Fan und hoffe, auch Sie zu einem machen zu können. Verstehen Sie das Buch als Einladung zu Kultur, Kunst und Kulinarik, zu Sport und Erholung und vor allem zu ganz viel Spaß. Machen Sie sich auf und finden Sie Ihr Glück in den tiefen Wäldern, bezaubernden Tälern und den vielen wunderbaren Orten mit ihren freundlichen Bewohnern, die dieses grandiose Mittelgebirge zwischen Sinn, Kinzig und Main einzigartig machen.

Ihre Kerstin Biehl

Deine Glücksorte ...

... noch mehr Glück für dich

Kleinstes der Welt

1 Das Liqueur Theater in Miltenberg

Wenn das Wort „beseelt“ eine Berechtigung hat, dann im kleinsten Theater der Welt. Denn was die beiden Macher Marén Dinée und Clemens Bauer in Miltenberg geschaffen haben, muss seinesgleichen mit der Lupe suchen. Eng geht es zu, im Theaterraum, richtig eng, und das ist eines der Erfolgsrezepte. 16 Plätze, 20 Quadratmeter – kein Wunder, dass das dem Guinnessbuch der Rekorde eine Auszeichnung wert war. Weil es so eng ist, werden die Gäste einzeln hereingebeten. Die Königslounge darf zuerst Platz nehmen; so, wie es sich für Könige gehört, hoch oben auf dem Doppelthron, über eine schmale Wendeltreppe zu erreichen. Auch Zaren- und Regielounge haben vorgezogenes Eintrittsrecht – denn wer erst mal platziert ist, bleibt meist auch sitzen. Es ist einfach kein Platz zum Aufstehen.

TIPP
Unbedingt rechtzeitig im Voraus buchen, die Vorstellungen sind begehrt und schnell ausverkauft.

Ist das Parkett dann auch gefüllt, gibt's für alle einen Aperitif – der geht aufs Haus. Genauso wie drei Liköre, die zwischendurch serviert werden, und die vorzüglichen Fingerfood-Häppchen aus erlesenen Zutaten, gezaubert von Marén, die nicht nur eine Leidenschaft fürs Theatermachen hat. Wer zusätzlich Durst hat, kann sich durch die Getränkekarte probieren. Longdrinks, Weine, Cocktails. Und viel, viel Likör. Was es mit dem auf sich hat? Den kredenzt Theatermann Clemens Bauer selbst. 13 Liköre, einer verführerischer als der andere: Schoko, Trüffelchampagner oder Lebkuchensahne sind zugegebenermaßen vielleicht nicht ganz unschuldig an der heiteren Stimmung, die des Abends in der Fischergasse 7 herrscht. Aus Fremden werden schnell Bekannte, manchmal auch Freunde und es soll schon vorgekommen sein, dass hier die Liebe ihren Anfang nahm.

Während das Treiben im Theaterraum immer bunter wird, genießen die Gäste Momenttheater, humoristische Satire in der bewährten Zweimannshow und werden in einem Akt sogar selbst mit eingebunden – inklusive Sprechrollen und Kostümierung. Wunderbar, wie Clemens und Marén es verstehen, Menschen zusammenzubringen und sie glücklich und beseelt zu machen.

- Liqueur Theater, Fischergasse 7, 63897 Miltenberg, www.liqueurtheater.de
- ÖPNV: Bus 84, 86, 88, Haltestelle Linde

Baden links, Surfen rechts

2 Urlaubsfeeling am Kinzigsee in Langenselbold

Ein Strandbad auf der einen, ein Surfshop auf der anderen Seeseite. Dazwischen eine mehrere Meter in die Wassertiefen reichende Plane – das ist der Kinzigsee in Langenselbold. 600 Meter Sandstrand zum Relaxen und Entspannen auf der einen, bewachsene Seeufer auf der anderen Seite. Dazwischen 23 Hektar Wasserfläche bei einer maximalen Tiefe von 15 Metern – mal spiegelglatt, mal vom Wind aufgepeitscht. Letzteres freut vor allem die Surfer, die das westliche Seeareal für sich beanspruchen. Weht eine steife Brise, ist es eine Freude, die bunten Segel übers Wasser flitzen zu sehen.

Gut zu beobachten ist dieses Treiben vom Surfshop aus. Hier herrscht eine lockere Atmosphäre. Wassersportler, Radler, Gassigeher, Selbolder und Auswärtige sitzen entspannt und ungezwungen am Wasser, mal direkt auf der Wiese, mal auf den bunt verstreuten Plastikstühlen oder auf Holzbänken, trinken das Bier direkt aus der Flasche oder, und das ist hier mittlerweile Tradition, die Weinschorle mit Eiswürfeln aus dem Weizenbierglas.

TIPP
Am Surfshop kann man Stand-up-Paddle-Boards ausleihen und damit den See vom Wasser aus erkunden.

Allerdings: Baden darf man auf dieser Seite des Sees nicht. Das hat etwas mit der Wasserqualität zu tun und erklärt die eingangs erwähnte Plane. Die nämlich wurde in den See, der Ende der 1970er-Jahre durch den Autobahnbau entstanden ist, Anfang der 2000er-Jahre installiert, um ein Baden wieder möglich zu machen. Denn Blaualgen hatten die Oberhand gewonnen, der pH-Wert hatte in den Sommermonaten einen bedenklichen Wert erreicht. Seitdem wird der Badeteil des Sees alljährlich im Frühjahr geimpft, mit einem Eisensalz-Kalk-Gemisch, welches das Wasser reinigt und ihm zu einer ausgezeichneten Wasserqualität verhilft. Wer also zum Baden kommen möchte, der steuert das Strandbad an. Mit seinem weitläufigen Wiesenareal ist selbst in der Hochsaison immer noch ein Plätzchen zu finden. So ein Tag am See fühlt sich wie Urlaub an. Das Handtuch auf die Wiese legen, ein gutes Buch dabei und zur Abkühlung dann und wann in den See hüpfen: das Rezept für einen wunderbaren Sommertag.

● Kinzigsee, Am Kinzigsee, 63505 Langenselbold
www.surfshopamkinzigsee.de, www.langenselbold.de/kinzigsee-kinzigbad

Wo aus Ton Keramik wird

3

Die Museumstöpferei in Marjoß

Ein Knopfdruck und die Scheibe beginnt sich zu drehen. Ziemlich rasant im Kreis geht es für den daraufliegenden feuchten Ton. Peter Ommert befeuchtet seine Hände und fixiert den Klumpen, aus dem bald etwas Wunderschönes wird. Schnell geht es dann weiter, wenn der Geschichtslehrer, der einer Marjoßer Töpferdynastie entstammt, mit seinen Fingern zaubert. Die Form eines Gefäßes ist auszumachen, das immer gleichmäßigere Formen annimmt, bis Ommert zufrieden ist mit seiner Schale und die Töpferscheibe ausschaltet. Was so einfach aussieht, ist das Werk jahrelanger Lernarbeit. In Ommerts Fall war viel Learning by Doing dabei, viel hat er auch der Cousine seiner Mutter, der einzigen in Marjoß noch aktiven professionellen Töpferin Gertrud Weihmann, zu verdanken. Das Spessartörtchen mit seinen eigenen Tongruben fast vor der Haustür zählt zu den ältesten Töpferdörfern Hessens.

TIPP
Werkstatt, Brennofen und Museum können besichtigt werden (Anmeldung: museumstoepferei@gmx.de).

Da er das Wissen um diese alte Tradition bewahren möchte, hat Ommert gemeinsam mit seiner Frau die alte Töpferei gekauft und zeigt die Gerätschaften samt wertvollen, seltenen Exponaten sowie historischem Brennofen der Öffentlichkeit. Der Brennofen, der vom Arbeitsraum aus so unscheinbar wirkt, hat es in sich. Groß wie ein Minizimmer ist er, wurde vor dem Brennen zugemauert, auf 1000 Grad für 2 Tage erhitzt und danach wieder aufgebrochen. Es soll der letzte seiner Art sein. Einst wurden darin auch die beeindruckenden Marjoßer Schraubtöpfe gebrannt. Das Besondere: Sie haben ein Gewinde und sind mit einem getöpferten Deckel verschließbar. Um solch einen Schraubtopf zu drehen, bedarf es eines gewissen Know-hows. Für den Moment begnügt sich Ommert mit dem Schaffen von vorwiegend mittelalterlichen Gefäßen. Ein besonders ausgefallenes Exemplar ist der Schnellkochtopf, der aus einem hohen Gefäß und Deckel besteht. Witzig: Der Deckel ist als Kopf gestaltet, innen hohl, mit Tonkugeln gefüllt und fängt, ins Feuer gestellt, ordentlich an zu rappeln, wenn der heiße Dampf aus der Mundöffnung entweicht.

- Museumstöpferei, Distelbachstraße 15, 36396 Steinau an der Straße
- ÖPNV: Bus 94, 99, Haltestelle Distelbachstraße

Im Höhenrausch der Bäume

4 Der Kletterwald Spessart in Heigenbrücken

Helm auf, Kletterset an, einhaken, nichts wie ab nach oben und einfach nur jede Menge Spaß haben. Im Kletterwald Spessart in Heigenbrücken erlebt man Nervenkitzel und Abenteuer und genießt es außerdem, sich hoch oben zwischen den Baumwipfeln zu bewegen. Sich spüren und die Fülle des Lebens in all seinen Facetten auskosten, das ist zwischen den Baumkronen möglich, wenn an 60 verschiedenen Stationen in Höhen zwischen 2 und 10 Metern das Adrenalin durch die Adern schießt. Hier kommen ambitionierte Kletterer genauso auf ihre Kosten wie Kinder und Erwachsene mit Höhenangst. Ein grandioser Abenteuerspielplatz mit Parcours in unterschiedlichen Schwierigkeitsstufen für jedes Alter, bei dem sich das Klappern der Karabiner, das Rascheln der Blätter und das Lachen der Abenteurer zu einer harmonischen Symphonie zusammenfügt.

TIPP
Gleich nebenan den Rehen im Wildpark Bächlesgrund Hallo sagen.

Die Herausforderungen in den Baumkronen ermutigen dazu, über Grenzen hinauszuwachsen und die eigene Komfortzone zu verlassen – ein Ruf, der die Seele beflügelt und die Freude am Abenteuer entfacht. Wagemut, Geschicklichkeit, Kraft und auch Kondition sind immer wieder gefragt. Etwa am 600 Meter langen Seilrutschenparcours Flying Fox. In rauschendem Flug geht es auf dieser Route gesichert am Seil 280 Meter am Stück in 30 Meter Höhe über den Bächlesgrund. Ein Glücksjauchzer ist da vorprogrammiert. Adrenalin wird zuhauf ausgeschüttet. Und das Grinsen will gar nicht mehr vom Gesicht verschwinden. Dann lebt man im Moment, im Augenblick und beflügelt vom Kletterabenteuer eröffnen sich vielleicht sogar neue Perspektiven, wenn man die Fülle des Lebens in schwindelerregenden Höhen ausgekostet hat. Hier wird die Lebendigkeit des Moments gefeiert und die Abenteuerlust inspiriert möglicherweise dazu, sich den Herausforderungen des Lebens mit Freude und Begeisterung zu stellen.

● Kletterwald Spessart, Am Wildpark, 63869 Heigenbrücken
www.kletterwald-spessart.de

Atemberaubende Düfte

5 Das Alte Gewürzamt in Klingenberg

Nicht nur diejenigen, die ihren Gewürzvorrat auffüllen wollen, sind mit einem Besuch im Alten Gewürzamt in Klingenberg am Main gut beraten. Die pittoreske Gewürzmanufaktur wurde 2001 von Spitzenkoch Ingo Holland gegründet. Mittlerweile führt sie Sohn Kilian. In ganz Deutschland sind die Gewürzmischungen aus Klingenberg inzwischen bekannt. Unverwechselbar: die grünen Dosen, die so manches Küchenregal zieren. Sie sind ausgesprochen schön anzusehen – doch worauf es vor allem ankommt, ist ihr Inhalt. Und der hat's in sich.

Der traditionelle Gewürzladen hat seine Heimat in einem alten Sandsteingebäude in der verkehrsberuhigten Klingenberger Altstadt. Schon beim Öffnen der Ladentür strömt ein verführerischer Duft entgegen. Wonach genau es nun hier duftet, muss jeder für sich selbst herausfinden. In den Regalen stehen um die 300 verschiedene Gewürzmischungen. Zudem diverse Kräuter, Pfeffer und Salze und natürlich gibt es von jedem eine kleine Probe zum Riechen. Erlesene Fruchtaufstriche und Chutneys oder Pasten und viele Senfsorten sowie weitere Feinkost runden das Angebot ab. Geschmacksverstärker oder Konservierungsstoffe sucht man in den grünen Döschen übrigens vergeblich. Erstklassige Qualität, Transparenz und authentische Herkunft wird bei Familie Holland großgeschrieben. Zu den Lieblingsgewürzen der Kunden zählen unter anderem das Toskanische Pastagewürz und die Mischung Curry Anapurna. Auch super: das Gewürzsalz Kräuter – es gibt einem frischen Butterbrot den Extrakick.

TIPP

Es gibt regelmäßig Kochkurse und Seminare, wie das „Gewürzeinmaleins" mit Betriebsbesichtigung.

Mittlerweile wachsen übrigens acht verschiedene Gewürze ganz in der Nähe der Gewürzmanufaktur, im schönen Churfranken. Dazu zählen unter anderem Anissamen, Bockshornkleesaat, Senf- und Fenchelsaat, Korianderkörner sowie Kümmel. Ein Besuch im Alten Gewürzamt ist nicht nur ein Erlebnis für die Sinne, es ist gleichermaßen eine kulinarische Entdeckungsreise, die reichlich Inspiration für neue Gerichte gibt.

- Altes Gewürzamt – Gewürzladen, In der Altstadt 7, 63911 Klingenberg
  www.altesgewuerzamt.de
- ÖPNV: Bus 61, 67, 76, Haltestelle Marktplatz Klingenberg

Piment, Guatemala €6.10
Chiloé Pfeffer €8.90
Wilder Kubebenpfeffer €8.00
Pfeffer, schwarz, Belem €8.50
Pfeffer, schwarz, Lampong €7.90
Schnupperdose
Schnupper-Dose

Aus der Hand füttern

6

Der Wildpark Alte Fasanerie in Klein-Auheim

Wenn das Damwild in der Alten Fasanerie ganz nah an den Zaun herankommt, ist es schön, ein wenig Futter übrig zu haben. Denn Hunger haben die Wildtiere eigentlich immer und mit dem im Wildpark gekauften Futter ist es möglich, ihren Appetit zu stillen und sie gleichzeitig sanft zu kraulen. Der Park, 107 Hektar groß, ist idyllisch im Wald gelegen. Betrieben wird er von Hessen Forst und lädt mit seiner majestätischen Ruhe das ganze Jahr über zu einem Besuch ein.

Beim Beobachten der Tiere, die in schön eingerichteten und weitläufigen Gehegen (hier unterstützt der Förderverein) untergebracht sind, spürt man schnell, wie die Entschleunigung einsetzt und der Alltag in den Hintergrund rückt. Neben Luchsen, Elchen oder Marderhunden, Iltisfrettchen, Schneeeulen und Eseln sind die Wölfe die unbestrittenen Stars des Wildparks. Europäische Grauwölfe sind hier ebenso zu beobachten wie die anmutigen weißen Polarwölfe. Ein Highlight ist die Wolfsfütterung. Aber auch die Fütterung der übrigen Tiere ist ein interessantes Spektakel.

TIPP

Nach dem Wildparkbesuch im benachbarten Jagdhaus (gleich neben dem Haupteingang) lecker essen gehen.

Der Vorläufer des Wildparks war eine Fasanerie, angelegt vom Mainzer Erzbischof Lothar Franz von Schönborn. Diese Untere Fasanerie bestand aus 40 Hektar Wiese. Da es dort immer wieder Probleme mit Hochwasser gab, erschloss Erzbischof Johann Friedrich Karl von Ostein im Jahre 1746 die Obere Fasanerie. Er umgrenzte sie mit einer 3800 Meter langen Basaltsteinmauer, die es teilweise heute noch gibt. Nach dem Zweiten Weltkrieg übernahm die Hessische Landesforstverwaltung die Leitung, die die Fasanerie im Jahr 1967 in einen Wildpark umwandelte.

Insgesamt leben hier rund 350 Tiere aus 35 Arten. Die Alte Fasanerie ist eine Welt des Staunens und des Entdeckens. Und auch des Anfassens: Im Streichelzoo warten neugierige Ziegen und Schafe und freuen sich auf Streicheleinheiten. Und Tiere streicheln macht bekanntermaßen glücklich!

● Wildpark Alte Fasanerie, Fasaneriestraße 106, 63456 Hanau/Klein-Auheim
www.foerderverein-alte-fasanerie.de

Wo die Fische schnalzen

7 Der Forellengrill Röll in Sommerkahl

Ein aufmerksames Auge sollte man haben, um die Forellen schnalzen zu sehen. So heißt es in der Anglersprache. Bei den Fischteichen am Forellengrill Röll in Sommerkahl hat man gute Chancen, nicht nur einmal die Fische beim Fliegen durch die Luft zu beobachten. Im Familienbetrieb in dritter Generation kommt nicht nur Fisch auf den Tisch, er tummelt sich auch, gut sichtbar, ringsum in den Teichen, die sich idyllisch ins Tal einfügen. Von März bis November können Besucher hier in naturnaher Umgebung frisch zubereitete Fischgerichte genießen.

Das Ausflugslokal befindet sich mitten im Naturschutzgebiet Amphibienfreistätte Speckkahl. Hier liegt der Duft von frisch gegrillten Forellen in der Luft. Der gemütliche Biergarten lädt zum Verweilen ein und bietet einen traumhaften Blick auf die angrenzenden Forellenteiche. Fische, so heißt es, beruhigen die Seele. Dass das stimmt, ist hier zu spüren. Einfach das Plätschern des Wassers genießen und dabei die stressige Alltagswelt vergessen. Die Forellen werden nach alten Familienrezepten zubereitet, kommen direkt aus dem Teich auf den Teller und sind dadurch wunderbar frisch. Perfekt gegrillt, mit einer knusprigen Haut und zartem Fleisch, schmecken sie, gewürzt mit herzlicher Gastfreundschaft, einfach himmlisch. Und für den kleinen Hunger sind die Fischbrötchen wärmstens zu empfehlen. Der Forellengrill Röll in Sommerkahl ist nicht nur ein Ort, an dem man exzellente Forellen genießen kann, sondern auch ein Ort des Wohlfühlens.

Wer einen Angelschein besitzt und die entsprechende Ausrüstung sein Eigen nennt, kann hier sogar die Rute auswerfen. Im Angelsee kann man von Mitte März bis Ende November Regenbogenforellen, Bachforellen und Bachsaiblinge angeln. Mit seinem charmanten Ambiente und den fantastisch schmeckenden Forellen ist der Forellengrill Röll einen glücksversprechenden Besuch wert.

TIPP

Ungefähr einmal im Monat gibt's die sogenannten kulinarischen Highlights, wie Steckerlfisch oder Paella.

● Forellengrill und Angelsee, Wilhelminenstraße 66, 63825 Sommerkahl
www.fisch-roell.de

Ohne Schuhe unterwegs

8

Deutschlands längster Barfußpfad in Bad Orb

Bis über die Knie versinken die Beine im Schlamm. Das ist nicht etwa ungewollt – ganz im Gegenteil, das Schlammfeld ist Teil des 4 Kilometer langen Barfußpfads von Bad Orb. „Der krasseste Schlamm Deutschlands" heißt es auf der Infotafel, die über die verschiedenen Untergründe informiert, die es gilt, barfuß zu meistern. Doch zunächst wirft man ein paar Euro in einen kleinen Kasten. Die Eintrittsgebühr dient der Pflege und dem Erhalt von Deutschlands längstem Barfußpfad. Er führt in einem Rundweg vom hinteren Teil des Kurparks am Orbbach entlang.

An 27 pfiffigen Stationen erfahren nicht nur die Fußsohlen eine wunderbare Mischung aus An- und Entspannung. Da gilt es etwa, über Baumstämme zu balancieren, durch den Bach zu waten oder über mal mehr, mal weniger angenehmen, steinigen Untergrund zu laufen. Weiter geht es über Rindenmulch, über Moos und immer wieder in den Orbbach, der bei heißem Wetter eine wunderbare Erfrischung bietet. Den verschiedenen Untergründen gilt es nachzuspüren: egal ob weich, hart, warm oder kalt. Immer begleitet vom sanften Murmeln des Baches, der wie eine beruhigende Melodie wirkt. Umgeben von einer grünen Oase, ist die Verbindung zur Natur hier mit allen Sinnen zu spüren. Und mit jedem weiteren Barfußschritt wird dieses Band intensiver.

TIPP

Führungen über den Pfad können über die Touristinfo Bad Orb gebucht werden: Tel. (0 60 52) 8 30.

Der Bad Orber Barfußpfad ist ein Projekt der Kreisrealschule Bad Orb. Die Idee stammt von dem ehemaligen Biologielehrer Gerhard Menzel-Schüßler. Er hat den Pfad geplant und zusammen mit Schülern und Lehrern der Schule gebaut. Heute wird er instand gehalten und gepflegt vom Wahlpflichtkurs „Barfußpfad".

Etwa auf der Hälfte des Pfads lockt ein Kneippbecken zum Storchengang, bevor es über verschiedenste Steingründe bergauf in den Wald geht und der warme, weiche Waldboden die Füße verwöhnt. Über eine Anhöhe führt der Rückweg wieder in den Kurpark, wo man der gewonnenen Entspannung bei einer schönen Tasse Kaffee weiter nachhängen kann.

- Barfußpfad Bad Orb, Kurparkstraße, 63619 Bad Orb
  www.barfusspfad-bad-orb.de
- ÖPNV: Bus MKK 85, Haltestelle Rotahornallee

Auf einen Schoppen

9 Die Weinstube Mehling in Lohr am Main

Wirklich urig, diese Weinstube am Märchenbrunnen in direkter Nachbarschaft zum alten Rathaus: Holzdecke, Wandvertäfelung (inklusive Einschussloch aus dem Zweiten Weltkrieg), wunderbar alte Holztische, Stühle und Eckbänke und sogar eine geschnitzte Holzlampe, das Ganze in rotbrauner Patina, dazu die farbig bleiverglasten Fenster. Ein unnachahmliches Flair, das die Weinstube Mehling mit reichlich Geschichte für ihre Gäste zaubert. Dazu die liebevoll gestaltete Weinkarte mit Zeichnungen des Bildhauers Richard Rother.

Hier kann man sich den Schoppen schmecken lassen. Wenn man denn den richtigen gefunden hat. Die Weinkarte nämlich bietet eine Vielzahl verschiedenster Frankenweine an. Tipp: Einen der Fabulologenweine probieren. Was das ist? Die Fabulologie ist zunächst einmal eine Lohrer Wortschöpfung und beschreibt im weiteren Sinne die Märchenwissenschaft. Drei Lohrer Fabulologen, die in weinseliger Stammtischrunde im Jahre 1985 im Weinhaus Mehling über Schneewittchen, den Spiegel und die sieben Zwerge sinnierten haben sollen und zur Erkenntnis gekommen sind, dass Schneewittchen nur eine Lohrerin sein kann, ist der Lohrer Fabulologenwein gewidmet. Auf dem Etikett zu sehen sind die drei Schneewittchenmacher: Schuhmachermeister Helmuth Walch, Apotheker und Pharmaziehistoriker Dr. Karlheinz Bartels und der damalige Leiter des Spessartmuseums Werner Loibl.

TIPP

Frisches, leckeres Brot gibt es in der angeschlossenen Backstube (immer Mo., Mi., Fr. und Sa.).

Übrigens muss sich der Traditionsausschank auch in kulinarischer Hinsicht nicht verstecken. Ob Weingebäck (unbedingt die Weinecken probieren!), fränkische Spezialitäten oder leckerer Schinken im Brotteig mit Meerrettich, satt wird man hier allemal.

In der Hand der Familie Mehling ist die Weinstube, die lange Zeit auch Backstube war, seit 1887. Heute führen sie Matthias und Michael Mehling, die auch den Josefskeller (der namentlich an ihren Vater, den Vorgängerwirt, erinnert), ein Sandsteingewölbe unter der Weinstube, leiten. Dort gibt es im Winterhalbjahr regelmäßig Theater- und Kabarettaufführungen, Konzerte und Kinovorführungen.

- Weinhaus Mehling, Hauptstraße 30, 97816 Lohr am Main
  www.weinhaus-mehling.de
- ÖPNV: Bus 694, 696, Haltestelle Castellbank

Reserviert
Ab 18 Uhr
WEINHAUS
MEHLING

Märchenhafte Filmkulisse

10 Das Wasserschloss Mespelbrunn

Der Spessart war einst ein wilder Wald. Räuber haben Reisende wie Einheimische in Angst und Schrecken versetzt. Und mittendrin, in Mespelbrunn, steht seit dem 15. Jahrhundert, als es wirklich noch vogelwild herging in den tiefen Spessartwäldern, ein verträumtes Wasserschloss.

Kriege konnten diesem architektonischen Schatz nichts anhaben. Denn das malerisch-romantische Kleinod ist gut versteckt in ein Seitental des Elsavatals gebaut und von dort zu weltweiter Berühmtheit gelangt. Bis zu 100.000 Besucher jährlich wollen einen Blick auf das Schmuckkästchen des Spessarts werfen, das einst sogar auf der 70-Pfennig-Dauerbriefmarke der Deutschen Post abgebildet war.

Aus dem Fenster des Schlossturms hat sich in den 1950er-Jahren ein ganz bekannter Räuberhauptmann abgeseilt und ist durch den Schlossteich in die Freiheit geschwommen. Carlos Thompson hieß er und war die große Liebe von Liselotte Pulver in dem Film „Das Wirtshaus im Spessart“. Natürlich gab's ein Happy End. Für die von den grimmigen Räubern aus dem dubiosen Wirtshaus entführte Comtesse Liselotte wie auch für den Spessart. Denn dessen Tourismus wurde durch den Film ordentlich angekurbelt. Drehort war unter anderem das Wasserschloss. Bis heute kommen Lilo-Pulver-Fans aus der ganzen Welt zum schönen Kleinod im Wald.

TIPP

Im Nordflügel des Schlosses kann man heiraten.

Die Vorlage für die berühmte Abenteuerkomödie lieferte übrigens eine Erzählung aus dem Jahr 1826 von Wilhelm Hauff, dem bekannten Schriftsteller aus der Romantik. Von welchem Wirtshaus sich Hauff für seine Räubergeschichte hat inspirieren lassen, ist nicht überliefert und lässt Raum für allerhand Spekulationen, ob es nun in Rohrbrunn oder vielleicht doch in Hessenthal gestanden hat. Ist auch egal. Wichtig ist, dass allein der Anblick dieses Spessart-Sightseeing-Höhepunkts glücklich und zufrieden macht. Ein Augenschmaus, den man sich auf keinen Fall entgehen lassen sollte. Zur Einstimmung unbedingt vorher den Film gucken!

● Wasserschloss Mespelbrunn, Schlossallee, 63875 Mespelbrunn
www.schloss-mespelbrunn.de

Orange ist Trumpf

11

Das Kürbisfeld im Kahlgrund

Der Kürbis ist ein richtiges Herbstgewächs. Er eignet sich nicht nur als Dekoration, sondern auch prima für Suppen und Eintöpfe. Wenn man die herrlich orangefarbenen Kugeln dann auch noch selbst geerntet hat, schmecken sie gleich noch mal so gut. Im malerischen Kahlgrund kann man im Herbst auf dem Kürbisfeld von Familie Simon wahre Prachtexemplare von Kürbissen ernten. Speisekürbisse, wie Hokkaido, Butternut und Muskat, und viele farbenprächtige Ziersorten, die reif werden, wenn der Herbst vor der Tür steht. Wenn die Blätter der Bäume sich langsam zu verfärben beginnen und es abends früher dunkel wird, ist Kürbiszeit und damit der richtige Zeitpunkt, in den Kahlgrund zu fahren. Es gibt wohl kaum ein anderes Gemüse, das diese Jahreszeit so gekonnt verkörpert.

Im Kahlgrund werden im Herbst die verschiedensten Kürbisse direkt an der Landstraße verkauft. Nicht nur selbst ernten kann man hier, es gibt auch eine große Auswahl weiterer Kürbisse, die in Kisten auf Tischen bereitstehen. Die Kisten sind mit Schildern versehen, die ausführlich Infos zu der jeweiligen Kürbissorte bieten. Cotton Candy, Rouge Vif d'Etampes oder Flat White Bear sind nur einige. Die Qual der Wahl gehört zum Kürbisfeldbesuch dazu, man streift durch die Reihen und ist verzückt vor lauter Kürbisglück.

TIPP

Nebenan ist ein wunderbares Blumenfeld – ebenfalls mit Selbstbedienung, die Kasse steht bereit.

Wenn am Spätnachmittag die letzten Sonnenstrahlen das Feld beleuchten, schimmern die prachtvollen Exemplare in den verschiedensten Orangeschattierungen, als würden sie die warmen Sonnenstrahlen in sich einfangen und sich als lebendige Kunstwerke präsentieren. Ein Fest der Formen und Farben.

Messer zum leichteren Ernten liegen übrigens bereit. Ist die Wahl dann endlich auf einen der orangefarbenen runden Herbstboten gefallen, wird nach der Selbstbedienung und der Vermessung des eroberten Exemplars direkt in eine bereitstehende Kasse bezahlt. Jetzt kann Halloween kommen!

● Kürbisfeld im Kahlgrund, gegenüber der Dörsthöfe, 63755 Alzenau

Spaghetti
Flat White Boer
„Rouge Vif d'Etamps"
BOVEBO B.V.
BOVEBO B.V.
Hokkaido

Nostalgische Gemütlichkeit

12

Das Schafhof Café in Burgjoß

Ein bezauberndes Café mit Flair und viel Charme lockt im kleinen Jossaörtchen Burgjoß Gäste von nah und fern an. Neben der Wasserburg gelegen, werden dort in einem ehemaligen Schafhof feinster Kaffee, gutes Frühstück und hausgemachte Torten serviert. Aufzeichnungen besagen, dass es den Schafhof bereits im 16. Jahrhundert gegeben haben muss. Schafe wurden wohl bis ins späte 19. Jahrhundert gehalten und gezüchtet.

Das Areal wechselte in der Folge oft seinen Besitzer, bis sich schließlich im Jahr 2008 elf Burgjoßer zusammentaten, den alten Hof ersteigerten und ihn vor dem Verfall retteten. Getrieben von einer gehörigen Portion Idealismus erweckten sie das verwilderte und marode Gebäude samt dem 4000 Quadratmeter großen Grundstück stilgerecht zu neuem Leben. Heute haben die Betreiber in und um das Gebäude eine heimelige Atmosphäre geschaffen. Rot-weiß gestreifte Fensterläden machen schon von Weitem auf das Besondere aufmerksam. Vor der Tür ein nostalgischer Küchenherd, ein altes Holzrad, Sitzgelegenheiten, ebenfalls auf gemütlichem Holz. Innen, im Café von Virginia Büttner, fühlt man sich aufgehoben, geborgen, fast wie bei Großmuttern. Serviert wird auf Porzellan, das ebenfalls von der Oma stammen könnte. Alte Schwarz-Weiß-Fotos an den Wänden, eine uralte Kurbelkasse auf einer antiken Kommode – hier hat jemand ein Händchen für Gemütlichkeit.

TIPP

Im Sommer nebenan eine Runde Minigolf spielen.

Auf der Speisekarte wird Regionalität großgeschrieben. Zum Frühstück kommen viele, bestellen Klein oder Groß, Französisch oder die Schäfervariante. Hier hat man ein Herz für Langschläfer: Sonntags ist das Frühstück bis 12.30 Uhr zu bekommen, an den übrigen Öffnungstagen bis 12 Uhr. Auch zur Kaffeezeit verwöhnt der Schafhof seine Gäste: mit Torten, Kuchen, Waffeln und Apfelstrudel – alles hausgemacht. In der Regionalecke können Künstler und Köche aus der Region ihre Produkte zum Kauf anbieten. Ein Mitbringsel findet sich hier mit Leichtigkeit. Honig, Strickwaren, Liköre, es gibt immer wieder Neues zu entdecken.

- Schafhof Café, Georg-Hartmann-Straße 7, 63637 Jossgrund
www.schafhof-cafe.de
- ÖPNV: Bus 80, 83, Haltestelle Burgstraße

Schafhof Café

Markantes Torhaus

13

Zu Fuß über die Mainbrücke in Miltenberg

Per pedes ist der Gang über diese Flussquerung in Miltenberg besonders beeindruckend. Unten ziehen Schwäne im Wasser ihre Bahnen, darüber verbindet in fast 7 Meter Höhe das beeindruckende Buntsandsteinbauwerk die beiden Mainufer der Stadt: Die Rede ist von der Mainbrücke mit ihrem markanten Torhaus. Führt der Weg ins nördliche Miltenberg, läuft man zunächst durch den beeindruckenden Torbogen. Die Brücke ist sowohl für Fußgänger als auch für Autofahrer nutzbar. Ein kurzer Blick in die Geschichte: Die Mainquerung an dieser Stelle ist schon seit dem Mittelalter von großer Bedeutung. Brachte früher eine Fähre die Miltenberger über den Main, wurde die erste Brücke von 1898 bis 1900 gebaut. Möglich wurde dies durch einen 1876 gegründeten Brückenbauverein, der eine knappe halbe Million Mark Spenden generieren konnte. Lange stand sie allerdings nicht: In den letzten Tagen des Zweiten Weltkriegs wurde sie gesprengt. Nur die Pfeiler und das markante Torhaus hielten der Sprengung stand. Doch ohne Brücke wollten und konnten die Miltenberger nicht bleiben. Nachdem zunächst wieder eine Fähre eingesetzt wurde, weihte man nach dreijähriger Bauzeit 1950 den Wiederaufbau ein. Eine in den Sandstein eingelassene Bronzeinschrift am Brückenkopf informiert Passanten über diese Geschichte.

Der Weg über die Brücke lohnt sich. In ihrer Mitte weht in luftiger Höhe ein angenehmer Wind und der Blick auf die Stadt Miltenberg von Norden aus ist beeindruckend. Zu sehen sind die Türme der Stadtpfarrkirche, die Burg sowie Mainzer und Würzburger Tor und machen Vorfreude auf einen Stadtrundgang, der sich an den Brückenbesuch unbedingt anschließen sollte.

Doch zuvor noch ein kurzer Gruß an die Passagiere des Ausflugsschiffs, das gerade unter der Brücke durchfährt. Das Winken wird freundlich erwidert und lässt einen frohen Mutes seine Entdeckungstour durch das schöne Städtchen fortsetzen.

TIPP

Nach dem Brückenbesuch rüber in die Miltenberger Altstadt und sich von ihrer Schönheit verzaubern lassen.

Mainbrücke Miltenberg, 63897 Miltenberg, www.miltenberg.info

Ein pfundiges Wirtshaus

14

Das Gasthaus Hochspessart im Hafenlohrtal

So stellt man sich ein echtes Wirtshaus im Spessart vor: urige Holzvertäfelung, Lampen aus Hirschgeweihen, ein gemütlicher Kachelofen und an den Wänden etliche Geweihe sowie ein ausgestopfter Hirschkopf. Wo es das noch gibt? Hoch oben im Spessart, in der Lichtenau im Gasthaus Hochspessart. Herzlich geht's hier zu, Freundlichkeit ist oberstes Gebot. Das muss wohl schon zu Zeiten Kurt Tucholskys so gewesen sein. Der Schriftsteller soll 1927 Gast gewesen sein und befunden haben, dass die Lichtenau das wahre Wirtshaus im Spessart ist, die Perle des Spessarts gar.

Im 18. Jahrhundert noch mainzisches Staatsgestüt, später Hammerwerk, Schnitzschule und seit 1896 Eigentum der Gebrüder Eich, ist es bis heute im Familienbesitz. Deftig die Speisekarte mit Wildbraten aus den Spessartwäldern und frischen Forellen aus der Forellenzucht Hochspessart, ein paar Hundert Meter talabwärts.

Apropos Tal: Das Hafenlohrtal, an dem das Gasthaus liegt, zählt zu einem der schönsten und ursprünglichsten Spessarttäler. Biber haben hier ihr Zuhause. Die kleinen Kerle sind so fleißig und viel unterwegs, dass auf der Landstraße sogar eigens Biber-Warnschilder aufgestellt sind. Wer auf den wunderschönen Wanderwegen im Hafenlohrtal unterwegs ist, hat vielleicht Glück und sieht ein Exemplar. Mit Sicherheit aber das, was die Nager tagtäglich so abholzen. Bäume liegen hier viele quer oder sind zumindest angenagt.

Namensgeber des Tals ist die Hafenlohr, die vom Hochspessart bis hinunter zum Main 25 Kilometer unterwegs ist. Bis Ende des 19. Jahrhunderts wurde ein Teil des Brennholzes aus dem Spessart auf der Hafenlohr geflößt und bei Hafenlohr auf Mainschiffe verladen. Flora und Fauna sind einmalig im Hafenlohrtal, insbesondere Vögel, darunter viele von der Roten Liste, finden in den mäandernden Bächen Schutz. Je nach Wasserstand hat man bisweilen den Eindruck, sich in einem Mangrovenwald zu befinden, der einlädt, mit meditativem Blick dem Lauf des Wassers zu folgen. Also: aufsaugen und genießen.

TIPP

Wer ins Gasthaus einkehren möchte, sollte vorher unbedingt reservieren.

- Gasthaus im Hochspessart, 97840 Lichtenau, www.gasthaushochspessart.de

Lichtenau
Gasthaus im Hochspessart

Gesund schlemmen

15 Alles bio im Paradieschen in Linsengericht

Ein Brownie so schokoladig wie im Traum – eine Pumpkin Spice Latte mit einzigartigem Aroma. Gibt's nur im Paradies? Weit gefehlt! Im Biobistro Paradieschen bekommt man beides. Das imposante Gebäude mit seiner großen Holz-Glas-Front und den dicken hellen Baumstämmen, die das große Vordach stützen, beherbergt zudem einen Bioladen mit 7000 Bioprodukten. Für diejenigen, die Wert auf gesunde Ernährung legen, ist das Paradieschen wahrlich ein Paradies. Hier gibt es feine Käsesorten, Wurst und Fleisch vom Spessartmetzger und Obst aus regionalem Anbau. Obendrein eine große Auswahl an Naturkosmetikprodukten. Der Einkaufskorb füllt sich schnell, in jedem Gang stehen interessante Produkte, die es zu probieren gilt.

Sind die Bioerrungenschaften dann gut im Kofferraum verstaut, geht es zum Abschluss ins Biobistro. Neben den eingangs beschriebenen Leckereien (die Kuchen und Torten kommen täglich frisch aus dem Ofen) wird hier auch Deftiges serviert. Egal wofür man sich entscheidet, gespeist wird nach dem Motto „Genießen auf gesunde Art". Die Mittagsgerichte wechseln täglich, auch an die Vegetarier wird gedacht. Serviert wird etwa süßsaures Linsengemüse mit Hokkaido oder Lachs unter Parmesan-Polenta-Kruste. Auch eine Tagessuppe wird angeboten. Wer keine Zeit zum Verweilen findet, entscheidet sich für die To-go-Variante.

TIPP

Die Lebensmittel werden als Obst- und/oder Gemüse-Biokiste auch direkt an die Haustür geliefert.

Den Familienbetrieb gibt es seit über 20 Jahren. Angefangen haben die Brüder Kurt Lorenz und Mario Blandamura zu zweit in einer Garage in Geiselbach im bayerischen Kahlgrund. Die Nachfrage nach Bioprodukten wuchs rasant. Über den Verkauf aus einer Gartenhütte und einer Halle ging es 2014 an den heutigen Standort. Aus zwei sind 120 Mitarbeiter geworden. „Manchmal sind wir selbst vom Erfolg überrascht", sagen die Macher und vermuten die Gründe des Erfolgs in der Treue zu ihren Werten Nachhaltigkeit, Transparenz und Respekt.

● Paradieschen, An der Wann 1, 63589 Linsengericht-Altenhaßlau
www.paradieschen.de

Mit der Expertin im Wein

16

Weinbergführung in Dorfprozelten

Maritta Prechtl zerquetscht eine Traube zwischen Daumen und Zeigefinger. Den daraus fließenden Saft tröpfelt sie auf das Prisma des Refraktometers. Dann hält sie das Gerät ins Licht, das je nach Zuckergehalt unterschiedlich gebrochen wird. So kann die Weinbauerin den Oechslegehalt der Trauben, also ihre Reife, bestimmen. So etwas und noch viel mehr über Trauben und Wein – etwa, warum guter Wein so teuer ist – kann man auf einer Weinbergführung lernen. Angeboten wird sie beispielsweise vom bayerischen Verein Naturpark Spessart.
Die ausgebildete Natur- und Landschaftsführerin entstammt einer Dorfprozeltener Weinbaufamilie. Das Wissen und die Leidenschaft um den wertvollen Traubensaft sind ihr also in die Wiege gelegt. Das teilt sie gerne mit Besuchern. Das familiär geführte Weingut bewirtschaftet auch die Weinreben für den Staatlichen Hofkeller Würzburg. Insgesamt sind es 120 Hektar, 45.000 Pflanzen, die bis zu 15-mal im Jahr per Hand, jede einzeln für sich, bearbeitet werden müssen.

TIPP

Nach der Führung ein paar Flaschen vorzüglichen Wein am Weingut erwerben.

Manche der Weinstöcke im idyllisch gelegenen Weinberg des Dorfprozeltener Predigtstuhls, mit Blick auf den sich unten im Tal gemächlich dahinschlängelnden Main, sind 45 Jahre alt. Einst als Rebschnittgarten angelegt, stellte man in den 1960er-Jahren auf Ertragsweinbau um. Zwischen Spätburgunder und Bacchus, Rotling und Scheurebe, denn freilich darf bei einer Weinbergführung auch gekostet werden, ist allerhand über die Arbeiten, die übers Jahr an den Reben zu verrichten sind, zu erfahren. In ungezwungener und zunehmend heiterer Atmosphäre ist das besonders schön in der Hütte mitten im Weinberg. Die Weinbergführung, diese Wanderung zwischen den Rebstöcken, wird so zu einer Reise in die Weinseligkeit, zu einem Erlebnis, das die Sinne verwöhnt und die Faszination des Weinanbaus näherbringt. Und das Schönste: Man kommt ganz leicht mit den anderen Teilnehmern ins Gespräch, erlebt gemeinsam gesellige Stunden und lernt obendrein eine ganze Menge über die vielen Facetten des wunderbaren Weins.

Weinbau Prechtl, Höhbergstraße 12, 97904 Dorfprozelten
www.weinbau-prechtl.de, www.naturpark-spessart.de

Naturnaher Wasserspaß

17 Schwimmen im Naturerlebnisbad Schöllkrippen

Eintauchen in die Natur und dabei erfrischende Wasserfreuden im oberen Kahlgrund erleben – das können Besucher des Naturerlebnisbads Schöllkrippen. Hier verschmelzen vollendetes Badevergnügen und der schonende Umgang mit der Umwelt auf magische Weise. Die hervorragende Wasserqualität lädt zum sorglosen Planschen, Tauchen und Schwimmen ein – egal ob Brust oder Rücken oder vielleicht sogar Butterfly.

Kernstück des Freibads ist die biologische Reinigung des Badewassers in den beiden Regenerationsteichen. Hier werden in einem Selbstreinigungsverfahren, das der Natur abgeschaut wurde, die Verunreinigungen des Badewassers auf biologische Art und Weise in mineralische Salze umgewandelt. Viele Wasserpflanzen wie Schilf und Seerosen wachsen an den Rändern des Schwimmteichs und hauchen dem Bad eine ganz besondere Aura und ein naturnahes Ambiente ein. Das Tolle: Technisch aufwendige und energiefressende Reinigungssysteme herkömmlicher Freibäder mit hohem Chloreinsatz sind nicht mehr nötig. Dafür hat das Bad sogar einen Umweltpreis gewonnen. Chapeau! Das Wasser, das aus örtlichen Quellen gewonnen wird, ist in der Regel auch für empfindliche Haut sehr gut verträglich.

TIPP

Ein absolutes Muss sind die traditionellen Freibadpommes, die es am Schwimmbad-imbiss gibt.

Doch das Naturerlebnisbad Schöllkrippen ist mehr als nur ein Ort zum Schwimmen. Die malerische Lage inmitten der Natur, ein natürlicher Sprungfelsen und eine aufregende Breitwellenrutsche sind nur einige der Höhepunkte. Eine Wassergrotte im Schwimmteich, ein Spielbach, ein Beachvolleyballfeld und vieles mehr laden zum Erkunden und Entdecken ein. Das Naturerlebnisbad Schöllkrippen verspricht tolle Sommermomente der Erholung und Freude. Ein Eintauchen in und ein Erleben des Wassers, dazu das Genießen und Sammeln von Sonnenstrahlen, das wundervolle Erinnerungen an den Sommer im Gedächtnis hinterlässt. Also: einmal eintauchen, abtauchen und rundum glücklich sein.

- Naturerlebnisbad Schöllkrippen, Holzgasse 16, 63825 Schöllkrippen
www.naturerlebnisbad.eu
- ÖPNV: RB 56, Bahnhof Schöllkrippen

Unter den 100 Schönsten

18 Auf engen Pfaden durch die Seltenbachschlucht

Durch dichtes Grün und über uralte Stege schlängelt sich ein schmaler Pfad, der zu einer Zeitreise durch die Gesteinsschichten einlädt. In der Eiszeit haben Flüsse am Rand des Ortes Klingenberg eine tiefe Schlucht entstehen lassen. Bei einer Wanderung durch die Seltenbachschlucht werden einem 250 Millionen Jahre Erdgeschichte vor Augen geführt. Noch heute fließt der schmale Seltenbach, der der Schlucht ihren Namen gibt, durch das enge Tal. Es bietet Wanderern die Gelegenheit, verschiedene Schichten des blanken Buntsandsteins zu sehen, die an den felsigen Schluchtwänden studiert werden können. Sie geben Hinweise auf große Überschwemmungen und gewaltige Flutwellen, die es in Unterfranken vor Millionen von Jahren gab.

Auf insgesamt 15 Holzbrücken überquert man immer wieder den Seltenbach, bestaunt dabei pittoreske Wasserfälle, umgestürzte Baumstämme und mit Moos bewachsene Steine. Wer ganz viel Glück hat, kann vielleicht sogar einen der dort lebenden Feuersalamander erspähen. Denn die Seltenbachschlucht ist eines der wenigen Gebiete, in denen der Feuersalamander in Deutschland noch heimisch ist. Die Tiere stehen auf der Roten Liste und sind besonders geschützt. Die Seltenbachschlucht zählt zu den eindrucksvollsten Geotopen Bayerns. Offiziell wurde sie im Jahr 2011 in die Rangliste der schönsten aufgenommen.

TIPP

Vor allem im Hochsommer ist es wunderbar, seine Füße im erfrischenden Bachwasser abzukühlen.

Am Ende des Pfades stößt der Wanderer auf den Arme-Sünder-Weg. Er führt zu einem Galgen, einem Zeugen der Geschichte, an dem bis 1803 Hinrichtungen stattfanden. Außerdem trifft der Besucher hier auf das alte Tonbergwerk. Es wurde noch bis 2011 aktiv genutzt. Der Klingenberger Ton hatte den Ruf, eine einzigartige Qualität zu haben, und war auch als „dunkles Gold" bekannt. Seit dem Mittelalter wurden hier verschiedene, besonders reine und hochwertige Spezialtone abgebaut, die weltweit gefragt waren. Sie wurden früher unter anderem bei der Herstellung von Bleistiften, später vor allem für spezielle Keramik verwendet. Ihm verdankte die Stadt Klingenberg ihren Reichtum.

- Seltenbachschlucht, Start der Wanderung: Bergwerkstraße, 63911 Klingenberg am Main
- ÖPNV: Bus 61, 67, 76, Haltestelle Marktplatz

Mit Liquid Sound relaxen

19

Die Toskana Therme in Bad Orb

In flüssige Klangwelten können Besucher der Toskana Therme in Bad Orb eintauchen. Hier ist Entspannung zu Musik in Thermalsole angesagt. Ein tempelartiger Bau wurde eigens dafür errichtet. Liquid Sound nennt sich das Ganze und zieht Menschen aus dem ganzen Rhein-Main-Gebiet an. Zu Recht, denn in das wunderbar warme Solewasser abzutauchen, bringt allein schon eine großartige Rundumentspannung. Dazu dann auch noch angenehme Musik zu hören, beschert das Gefühl, in einem Konzertsaal zu schweben, der mit Wasser, 35 Grad warm, und Lichtprojektionen gefüllt ist.

Und die Toskana Therme hat noch mehr für die Entspannung zu bieten. In mehreren Kaskaden-Solepools kann man sich von Düsen und Sprudlern massieren lassen, auch eine Schwalldusche ist vorhanden, mit der sich wunderbar ein verspannter Nacken massieren lässt. Besonders im Winter toll: das beheizte Sole-Außenbecken. Wenn's draußen frostig ist, ist man im kuschelig warmen Wasser wunderbar geborgen. Wer Glück hat, ergattert eine der Unterwasser-Massageliegen, kann sich zurücklehnen und – wenn es dunkel wird –in den Sternenhimmel schauen. Zwei Whirlpools bieten zudem besonders viel Sprudelerlebnis.

TIPP

Einmal im Monat gibt es den Liquid Sound Club, bei dem DJs live auflegen.

Die Saunalandschaft, die im Preis inbegriffen ist, lädt zum weiteren Entspannen ein. Die Hektik des Alltags hinter sich lassend, kann man hier wählen zwischen Finnischer Sauna, Panoramasauna, Biosaunarium oder Dampfbad. Wem das reine Saunieren allein zu langweilig ist, der geht ins Lektarium, eine Lesesauna mit 45 Grad Raumtemperatur und 40 bis 50 Prozent Luftfeuchtigkeit. Zeitungen, Magazine und Bücher samt Leseleuchten stehen hier zum Blättern bereit. Im Broncharium wiederum hat es 30 Grad, Trockensole wird vernebelt, was gut für die Atemwege sein soll. Auch eine Solegrotte gibt es sowie viele Ruhezonen. Für Abkühlung zwischen den Gängen empfiehlt sich – neben den üblichen Kühlmöglichkeiten – besonders der Eisschneebrunnen. So ein Tag in der Therme fühlt sich fast wie Urlaub an.

- Toskana Therme Bad Orb, Horststraße 1, 63619 Bad Orb, www.toskanaworld.net
- ÖPNV: Bus MKK 82, 85, Haltestelle Toskana Therme

Steinbruchidyll

20 Der Hahnenkammsee bei Niedersteinbach

Die Sonne steht hoch am Himmel. Die Grillen zirpen ihr Lied. Vögel singen dazu. Wer Glück hat, hört vielleicht sogar den Uhu rufen, der sich hier angesiedelt haben soll. Auf der geschwungenen Holzliege lässt sich bei diesem Naturkonzert wunderbar entspannen. Verborgen zwischen Hügeln, Bäumen und Büschen liegt im Wald bei Niedersteinbach ein Juwel für Erholungssuchende – der Hahnenkammsee, auch bekannt als Hemsbachsee oder Steinbruchsee. Ein Sehnsuchtsort für Naturliebhaber, der mit seinem klaren Wasser und umgebenden Grün eine zauberhafte Atmosphäre schafft.

Der See wirkt mit seiner Wasseroberfläche wie ein stiller Spiegel, der die Seele beruhigt und die Gedanken ordnet. Dass hier früher ein Steinbruch war, wird erst auf den zweiten Blick deutlich. An den Konturen des Ufers zeichnen sich steile Wände ab, aus denen in den 1970er-Jahren Quarzit gebrochen wurde. Seit 2007 ist der Steinbruch stillgelegt. Silos, Förderbänder und Brecher wurden zurückgebaut, die Pumpen abgeschaltet und so füllte sich die unterste Sohle des nördlichen Steinbruchteils mit Regenwasser. Der Hahnenkammsee entstand.

Er musste allerdings 2011 noch eine große Hürde nehmen, denn der Mömbriser Gemeinderat hatte damals beschlossen, den See zu verfüllen. Doch die Bürger sprachen sich mehrheitlich für den Fortbestand des Sees aus. So konnte sich seitdem die Natur Stück für Stück ihr Reich zurückerobern. Eine Aussichtsplattform mit Schutzpavillon und Liegebänken lädt nun zum Verweilen ein, und dazu, in der Natur eine harmonische Auszeit zu genießen. Noch ist der kleine See zwischen den Mömbriser Ortsteilen Brücken und Hemsbach ein echter Geheimtipp, hier wird die Sehnsucht nach Ruhe und Einfachheit gestillt.

Hier, auf 250 Meter über NN, am nördlichen Hahnenkammrücken, leben Kolkraben, Erdkröten, Molche und Libellen, Zauneidechsen und Ringelnattern. Ungefähr 1 Hektar groß ist dieses Idyll, das einem ein Lächeln aufs Gesicht zaubert.

TIPP

In Niedersteinbach parken und über die Straße Hohe Mark hinauf in den Wald und zum Hahnenkammsee laufen.

Hahnenkammsee, 63776 Mömbris

Naturkino vorm Fenster

21

Im Tiny Haus der Heppe in Dammbach

In der Seitenwand spiegelt sich der Nadelwald, nach vorne der Blick auf die Lichtung ins Tal. Schon von außen sind die Tiny Häuser ein wahrer Augenschmaus. Ein 18 Quadratmeter großes Rechteck, von drei Seiten verspiegelt. Reinschauen kann keiner, rausschauen können die Gäste, die in den Genuss einer Übernachtung in einem der Minihäuser des Waldhotels Heppe kommen.

Hier oben, hoch und mittendrin im Spessartwald, haben die Betreiber des Traditionshotels Heppe ein Händchen für das ganz Besondere bewiesen. Denn auch das Interieur der Tiny Heppes, wie die Minihäuser heißen, kann sich sehen lassen. Obwohl so klein, fehlt es quasi an nichts: edle Materialien, ein supergemütliches Boxspringbett, für die Kuschligkeit der Füße eine Fußbodenheizung. Es gibt guten Kaffee und guten Tee, wer möchte, kann sich an der Minibar bedienen, ein großer Fernseher hängt an der Wand und die Dusche mit Ausblick ist sagenhaft.

TIPP

Badesachen einpacken, denn die Benutzung des hoteleigenen Schwimmbads ist inklusive.

Rundum wohlfühlen kann man sich hier. Und herrlich entspannen. Dafür sorgt auch die Natur, die quasi direkt vor der Holzterrasse beginnt. Wer Glück hat, kann in der Abenddämmerung sogar Rehe vom Bett aus auf der Lichtung beobachten. Diese Ungestörtheit ist wunderbar. Man hat hier ein Gefühl von Freiheit durch den bodentiefen Blick nach drei Seiten, fühlt sich aber dennoch geschützt vor Blicken von außen. Das ist einzigartig.

Wer Lust hat, geht eine Runde wandern im Wald. Die Wanderwege beginnen direkt am Haus. Oder spielt eine Partie Schach, das steht im Tiny Heppe zusammen mit anderen Holzbrettspielen bereit. Runterkommen wird einem an diesem Ort wirklich sehr leicht gemacht, wohlfühlen sowieso. Das spezielle Outdoorfeeling, das die drei Glaswände vermitteln, ist großartig. Ein leckeres Frühstück ist bei der Übernachtung übrigens inklusive. Wiederkommen ist hier fast schon ein Muss!

● Tiny Heppe, Waldhotel Heppe, Heppe 1, 63874 Dammbach
www.waldhotelheppe.de

Spieglein an der Wand

22 Die Schneewittchenstadt Lohr am Main

Wer die Schönste im ganzen Land ist, das ist hinreichend bekannt. Schneewittchen natürlich. Dass diese Schönheit, mit Haut so weiß wie Schnee, Lippen so rot wie Blut, Haaren so schwarz wie Ebenholz, aus Lohr am Main gekommen sein könnte, entstammt nicht etwa der Feder der beiden Märchenbrüder Grimm. Vielmehr haben die Lohrer selbst ganz genau in ihre Geschichtsbücher geschaut und schließlich war klar: Schneewittchen ist eine Lohrerin.

Entsprechend märchenhaft geht es zu in dem ehemaligen Mainfischerstädtchen. Die Innenstadt ist einfach malerisch und ein Hauch von Märchenmagie liegt in der Luft. Fachwerkhäuser spiegeln das typisch Fränkische wider. Beim Schlendern durch die engen Gässchen und Gassen kann man den Swing spüren, der Lohr eine angenehme Leichtigkeit verleiht. Typisch fränkische Brauereigasthäuser und urige Weinlokale laden zur Einkehr ein und dazu, etwas vom Zauber der Region zu kosten.

TIPP

Das „Horrorwittchen" an der Stadthalle anschauen, eine modern interpretierte Schneewittchenskulptur.

Ein Besuch im Lohrer Schloss, dem Wahrzeichen der Stadt, dem Schneewittchenschloss, darf natürlich nicht fehlen. Heute ist dort das Spessartmuseum beheimatet. Ein Ort, an dem die märchenhafte Präsentation von Schneewittchen die Besucher in eine Welt entführt, die zwischen Realität und Zauber liegt. Der legendäre sprechende Spiegel erzählt nicht nur von der Schönsten im ganzen Land, er kennt auch Geschichten von vergangenen Zeiten, während das Schloss selbst in seiner imposanten Pracht die Magie der Märchenwelt lebendig werden lässt.

Lohr am Main, die Schneewittchenstadt, ist mehr als nur eine Märchenkulisse – sie ist ein Ort, an dem die Grenzen zwischen Wirklichkeit und Traum verschwimmen. Hier wird das Märchen lebendig, und die Atmosphäre der Stadt trägt den Zauber des Unbekannten in sich. Beim Bummel durch das Städtchen fühlt man sich in eine magische Welt versetzt, in der das Märchen zum lebendigen Erlebnis wird.

- Schloss zu Lohr am Main, Schlossplatz 1, 97816 Lohr am Main, www.lohr.de
- ÖPNV: Bus 696, Haltestelle Ludwigstraße

Goldfische im Hochmoorsee

23 Das Wiesbüttmoor bei Flörsbachtal

Was schwimmt denn da im See? Tatsächlich, es sind Goldfische. Hier oben, in über 400 Meter Höhe, mitten im Spessartwald, in einem Moorsee. Wie sie dorthin gelangten? Darüber gibt es nur Vermutungen. Möglicherweise wurden sie ausgesetzt, vielleicht ist das heimische Aquarium zu klein geworden. Jedenfalls haben sie sich ordentlich vermehrt, vom Ufer aus sind mehrere Schwärme auszumachen, die dicht unter der Wasseroberfläche des Wiesbüttsees schwimmen.

Am frühen Morgen scheinen sie sich an den ersten Sonnenstrahlen, die sich auf der spiegelglatten Oberfläche des Sees brechen, zu wärmen. Der Morgentau hängt noch an den Grashalmen und eine sanfte Brise durchzieht die herrliche Waldluft. Die Vögel haben ihr Morgenlied angestimmt und sorgen für Heiterkeit. Die das Ufer säumenden Bäume neigen ihre Äste über das Wasser, sorgen für herrliche Spiegelungen, fernab vom Trubel lädt die Stille zur Reflexion ein.

Doch wer möchte, kann im Naturschutzgebiet Wiesbütt an der Landesgrenze zwischen Bayern und Hessen auch einiges entdecken. Das etwa 2 Kilometer lange und 50 Meter breite Wiesbüttmoor ist das höchstgelegene Zwischenmoorgebiet des Spessarts. Seine Torfschicht misst bis zu 2 Meter Tiefe. Für den Bergbau wurde 1765 der Wiesbüttsee angestaut. Das Wasser wurde auch in der Geländemulde oberhalb zurückgehalten, die deshalb von Torfmoosen besiedelt wurde. Ein Zwischenmoor entstand, das im Jahr 1953 zum Naturschutzgebiet erklärt worden ist. Dadurch wollte man diese im Spessart einzigartige Vegetation erhalten. Denn im Moor wächst zum Beispiel der Sonnentau, eine für diese Region eher seltene fleischfressende Pflanze.

In der Nähe des Wiesbüttmoors findet sich das sogenannte Judenbörnchen, eine Quelle, die das Moor mit Wasser speist. Woher der Name kommt? Früher befuhren zahlreiche jüdische Viehhändler mit ihren Tieren die benachbarte Birkenhainer Handelsstraße und machten an besagter Quelle halt, um ihre Tiere zu tränken.

TIPP

Hungrige Wanderer finden in den Sommermonaten bei Chill & Grill, direkt neben dem See, einen Imbiss.

● In der Wiesbütt, An der Spessart-Höhenstraße (L 2905), 63831 Wiesen

Wiege des Spätburgunders

24 Der fränkische Rotweinwanderweg am Main

Auf einer Gesamtlänge von 79 Kilometern erstreckt sich am Main, zwischen Großwallstadt im Norden und Bürgstadt im Süden, der malerische Rotweinwanderweg. Voller sinnlicher Genüsse und faszinierender Landschaften lädt er in der Region Churfranken ein, in mehreren Etappen einen sanften Hauch von Geschichte und Weintradition zu erleben.

Besonders schön ist die vierte Etappe. Mit etwas mehr als 4 Kilometern ist sie der kürzeste Abschnitt des Wanderwegs und führt von Erlenbach am steilen Uferhang hoch über dem Main nach Klingenberg. An dieser Strecke liegt das terroir f Churfranken, ein magischer Ort des Frankenweins, der sich mit dem Thema „Steillage, Buntsandstein und Sonne – des Winzers Gold“ beschäftigt. Der moderne Pavillon inmitten der churfränkischen Weinberge bietet für den Besucher nicht nur Informationen rund um die rot gefärbten edlen Tropfen, er offeriert auch einen bezaubernden Blick in die Buntsandsteinsteillagen und die von der Sonne verwöhnte Flusslandschaft des Mains.

TIPP

Ausschanktermine am terroir f sind im Internet zu finden (www.winzers-gold.de).

Das Projekt terroir f ist am Main häufiger zu finden und soll den Wert der fränkischen Kulturlandschaft zeitgemäß vermitteln, eine Idee der Bayerischen Landesanstalt für Weinbau und Gartenbau. Herausragende Standorte in der fränkischen Weinkulturlandschaft wurden dafür ausgewählt. Das Besondere: An den Wochenenden wird der terroir-f-Aussichtspunkt zum Leben erweckt, wenn die Winzer aus der Region inmitten der Weinberge ihre Weine in einem Ausschankpavillon präsentieren. Der terroir-f-Aussichtspunkt ist ein Juwel, das hoch über den Weinbergen thront. An diesem zauberhaften Ort können Besucher den Duft der Reben einatmen und den Geschmack von Rotwein (Weißwein gibt's aber auch) kosten, der die Geschichte und Kultur dieser Region widerspiegelt.

Der Rotweinwanderweg am Main in Churfranken ist mehr als nur ein Pfad – er ist ein Erlebnis für die Sinne, eine Verbindung zur Geschichte und eine Hommage an die Weinbaukultur.

● Terroir f Churfranken – Weinterrassen, Start der Wanderung: Parkplatz Bergschwimmbad, Mechenharder Straße, 63906 Erlenbach am Main, www.churfranken.de
● ÖPNV: Bus 61, 67, Haltestelle Raiffeisenbank

HILLERICH
Erlenbach
zu den Weinterrassen

Heimatkino für Popcornfans

25

Gelnhausen macht dem Kino eine Liebeserklärung

Denjenigen, für die das Popcorn beim Kinobesuch fast genauso wichtig ist wie der Film selbst, sei das Kino in Gelnhausen ans Herz gelegt. Knusprig zuckrig ist es ein wunderbarer Traum von gepopptem Mais. Es soll sogar Gelnhäuser geben, die nur zum Popcornkaufen vorbeikommen. Doch freilich geht's im Herzbachweg um viel mehr als gepoppten Mais. Und das seit 1924, da nämlich lief im Casino die erste Filmvorführung.

220 Plätze gibt es in dem liebevoll erhaltenen Lichtspielhaus, das für Kinoatmosphäre wie anno dazumal sorgt. Ein wenig edel, ein wenig nostalgisch werden Kinobesucher bereits im Foyer empfangen. Die Preise sind hier wirklich fair. Wartende nehmen auf Samtsesseln Platz, die mit Stehlampe und Grammophontisch noch mal einladender wirken. Ein nostalgischer Kinoprojektor ist ausgestellt. Gerahmte Leinwandhelden begleiten den Cineasten auf dem Weg in den ersten Stock, wo der Kinosaal sanft nach hinten ansteigt. Lustig: Die Toiletten sind direkt vom Kinosaal aus zugänglich, rechts für Damen, links für die Herren.

Im Casino laufen nicht nur die Top-Ten-Filme. Dieses Kino hat ein Herz für Menschen mit Anspruch. Der Dienstag ist sogar gänzlich für die Filmkunst reserviert. Dokus flimmern dann über die Leinwand oder Filme in Originalsprache, dazu gibt es Publikumsgespräche. Cineasten, die auch mal das Besondere suchen, kommen hier auf ihre Kosten. Wenn dann die Lichter langsam gedimmt werden, die Unterhaltungen verstummen und der Vorhang aufgeht, bleibt der Alltag für gute 2 Stunden vor dem Kinosaal. Jetzt ist es Zeit, in eine andere Welt einzutauchen und sich verzaubern zu lassen. Für ihr Engagement um das Kino und dessen Wert als wichtige Kulturinstitution ist die Betreiberfamilie Schneevogl, in dessen Besitz sich das Kino von Beginn an befindet, 2013 mit dem Hessischen Kinopreis ausgezeichnet worden.

TIPP

Im Pali mit 285 Plätzen, das dem Casino gegenüberliegt, laufen meist die Blockbuster.

● Kino Gelnhausen, Herzbachweg 1–3, 63571 Gelnhausen, www.kino-gelnhausen.de
● ÖPNV: Bus 374, Haltestelle Gelnhausen

Casino
Kino seit 1924
EIN MANN NAMENS
OTTO

Ein Weg zum Glück

26 Der Glücksweg in Heigenbrücken

In einem Buch, das sich Glücksorte nennt, darf ein Glücksweg nicht fehlen. Im Spessart findet sich ein solcher in Heigenbrücken. Den kostenfreien Erlebnispfad gibt es dort seit 2013. Sein Schöpfer, der Hochschullehrer Martin-Niels Däfler, hat dazu Menschen verschiedensten Alters nach ihrer Definition von Glück befragt. So sind 28 Zitate entstanden, die mit Fotos oder Bildern versehen auf Schautafeln, die die Form eines vierblättrigen Kleeblatts haben, an einer Wegstrecke entlang aufgestellt sind. Zu Wort kommt darauf etwa der Aschaffenburger Kabarettist Urban Priol („Ich bin glücklich, wenn die Liebsten und die Freunde mit mir gemeinsam bei einem schönen Essen versammelt sind und wenn es allen gut geht"). Aber auch ein achtjähriges Mädchen definitiert ihre Form von Glück. Es befindet: „Glück ist für mich, wenn es als Abendbrot Nutella-Pfannkuchen gibt." Und die 106-jährige Dame sagt: „Ich bin glücklich, wenn ich liebe Menschen um mich habe und feiern kann."

So hat ein jeder seine ganz eigene Vorstellung vom Glück. Eines wird aber deutlich: Das Glück liegt in Heigenbrücken und vermutlich auch andernorts in den kleinen Dingen, am Wegesrand sozusagen – man muss es nur aufheben. Das ist dann auch die Hauptbotschaft des Glückswegs. Denn, so ist auf der Infotafel zu Beginn des Weges zu lesen, wer das (Lebens-)Glück nur an den großen Dingen festmacht oder es ausschließlich in der Zukunft vermutet, der wird oft genug im Leben enttäuscht. Also: besser im Alltäglichen das Glück suchen und finden, so, wie auf den Zitaten der Tafeln beschrieben.

Gut 1 Stunde ist man auf dem 3,4 Kilometer langen Rundweg, der am Sportplatz startet, unterwegs, entlang des idyllischen Lohrbachtals. Der Weg ist befestigt und kann auch mit Kinderwagen oder Rollstuhl bewältigt werden. Und nicht vergessen: Ein jeder ist seines eigenen Glückes Schmied.

TIPP

Daran denken, ein glückliches Erinnerungsfoto am Fotopoint zu machen.

● Glücksweg Heigenbrücken, An den Sportanlagen, 97843 Heigenbrücken
● ÖPNV: RB 55, RB 79, RE 54, Bahnhof Heigenbrücken

Genau das ist die Hauptbotschaft des Glückswegs:
Das Glück liegt am Wegesrand – man muss es nur aufheben. Wer das (Lebens-)Glück an großen Dingen festmacht, wer es ausschließlich in der Zukunft vermutet („wenn ich zum Abteilungsleiter aufgestiegen bin; wenn es uns finanziell besser geht; wenn ich in Rente bin ...“), der wird oft genug im Leben enttäuscht.
Stattdessen ist man besser beraten, alltäglich nach den vielen kleinen Glücksmomenten Ausschau zu halten. 28 solcher Situationen zeigt der Glücksweg auf Schautafeln. Lassen Sie sich davon inspirieren und
werden Sie ein bisschen glücklicher!
GlücksWEG
„Es sind die Kleinigkeiten, in denen sich das Glück am schönsten offenbart.“
www.gluecks-weg.de
Der Glücksweg wurde von der Jugendgruppe „Neue Talente“ in Heigenbrücken gestaltet.
Lassen Sie uns wissen, was Glück für Sie bedeutet und hinterlassen Sie einen Kommentar auf unserer Facebook-Seite:
www.facebook.com/gluecksweg.heigenbruecken
Wegverla
← Ortsmitte
Standort
Sportplatz
Jakobsthal Aschaffenburg
Neuhütten, Lohr
Weglänge: 3,4 km
Höhenunterschied: 12 m
Laufzeit: ca. 1 Stunde

Eine magische Ruine

27

Die Scherenburg in der Dreiflüssestadt Gemünden

Hoch über der malerischen Kulisse Gemündens, dort, wo die Flüsse Sinn, Saale und Main aufeinandertreffen, liegt die bezaubernde Burgruine Scherenburg, auch Schloss Scherenberg genannt – ein Ort von magischer Schönheit und geschichtsträchtiger Atmosphäre. Zwar steht nur noch die Ruine der einstigen typisch fränkischen Höhenburg, doch diese entfaltet eine zauberhafte Symbiose aus Mystik und Historie. In 200 Meter Höhe blickt die Burg auf einer zwischen Main und Saale herausragenden Bergnase auf das Städtchen Gemünden – und das seit dem 13. Jahrhundert. Ihr imposantes Gemäuer erzählt Geschichten vergangener Epochen und verleiht der Stadt eine einzigartige Aura.
Als Wahrzeichen der Region diente sie einst als Zollburg, strich ebendiesen bei Flussüberquerungen und an der Grenze zum nahe gelegenen Würzburg ein. Bis ins 18. Jahrhundert hinein soll die Burg bewohnt gewesen sein, dann ist die Anlage verfallen. Doch vielleicht macht genau das ihren heutigen Charme aus. Wer schon mal von der Aussichtsterrasse aus den Blick bei Sonnenuntergang über Main und Saaletal sowie Richtung Spessartwald hat schweifen lassen, dazu ein Gläschen Sekt in der Hand oder einen Schoppen, der dürfte dem Scherenburg-Charme erlegen sein. Einfach mal die Seele streicheln und diesen tollen Kraftort mit seiner Energie auf sich wirken lassen. Die beruhigende Kulisse lässt den Alltag in Vergessenheit geraten und die Gedanken sich wie freundlich-sanft vorbeiziehende Wellen bewegen.
Gemünden, die beliebte Dreiflüssestadt, ist nicht nur ein Ort, der von landschaftlicher Schönheit geprägt ist, sondern auch von einer herzlichen Gastfreundschaft, die das Gefühl von Heimat und Nachhausekommen vermittelt. Die Altstadt mit ihren charmanten Fachwerkhäusern und kleinen Gassen strahlt eine behagliche Atmosphäre aus, in der man sich geborgen fühlt. Die freundlichen Bewohner tragen dazu bei, dass Gemünden zu einem Ort wird, an dem man nicht nur verweilt, sondern sich willkommen und zu Hause fühlt.

TIPP

Im Sommer finden auf der Burg die Scherenburg-Festspiele statt. Rechtzeitig Karten sichern!

- Ruine Scherenburg, Burgweg, 97737 Gemünden, www.stadt-gemuenden.de www.scherenburgfestspiele.de
- ÖPNV: Bus 640 bis 645, Haltestelle Rathaus

Küsse unterm Mistelzweig

28 Silvestertradition an der Dicken Tanne

Im Spessartwald zwischen Oberrodenbach und Somborn steht auf einer wunderbaren Lichtung eine Holzhütte, wie sie idyllischer kaum gelegen sein könnte. Die Schutzgemeinschaft Deutscher Wald hat sie dorthin gebaut und damit dafür gesorgt, dass die Dicke Tanne rund ums Jahr ein beliebtes Ziel von Wanderern und Mountainbikern ist. Bewirtschaftet ist die Hütte nur in der wärmeren Jahreszeit.
Doch egal ob im Frühling, wenn die ersten hellgrünen Blätter an den Spessartbäumen zu sehen sind, oder im Winter, wenn bei klirrender Kälte der Raureif dick auf den Zweigen sitzt, das Waldidyll zieht zu jeder Jahreszeit Besucher an.
Besonders viele Menschen kommen am Silvestertag dorthin. Traditionell sind sie aus den umliegenden Gemeinden, um sich bei Punsch, Glühwein oder heißem Äppler, gemeinsam mit Freunden und Familie, auf den letzten Tag des Jahres einzustimmen. Was man als Paar an diesem Tag und an diesem Ort auf gar keinen Fall verpassen darf: den Kuss unterm Mistelzweig. Der hängt zuverlässig jedes Jahr aufs Neue auf dem weitläufigen Gelände, das am Silvestermittag mit Menschen gesäumt ist. Die Tradition, den Silvestertag an der Dicken Tanne zu starten, hat hier einen ganz besonderen Stellenwert. Sie verbindet die Menschen aus der Umgebung und schafft ein Gefühl der Gemeinschaft. Alle sind willkommen, um das vergangene Jahr Revue passieren zu lassen und mit Hoffnung und Freude auf das bevorstehende Jahr anzustoßen. Die Tradition wird von Jahr zu Jahr gepflegt und in der Familie, unter Bekannten und Freunden weitergegeben.
Spätestens am Nachmittag leert sich dann die Waldlichtung, und beseelt von Glühwein oder Punsch und vor allem von netten Gesprächen, ist jeder bereit für seine individuelle Silvesterparty und freut sich über einen gelungenen Jahresabschluss an der Dicken Tanne.

● Dicke Tanne, 63579 Freigericht, www.sdw-freigericht.de

Schutzgemeinschaft Deutscher Wald
Konzert

Zwei Spuren im Schnee

29

Langlauf an der Bayrischen Schanz

Hurra, es hat geschneit! Ordentlich sogar und gefroren in der Nacht dazu. Beste Bedingungen, um sich die Langlaufskier anzuschnallen und sich in Richtung Bayrische Schanz aufzumachen. Dort nämlich, gelegen zwischen Lohr-Ruppertshütten und Flörsbachtal-Lohrhaupten, im Grenzgebiet zwischen Bayern und Hessen, gibt es in schneereichen Spessartwintern ideale Langlaufbedingungen. Gleich vier Loipen haben die Langläufer zur Auswahl. Und die führen entweder durch winterlich verschneite Zauberwälder oder alternativ über offenes Feld.

Der Schnee bedeckt die Landschaft mit seiner weißen Decke und die friedliche Stille, die damit einhergeht, wird nur vom leisen Knirschen der Langlaufski durchbrochen. Es geht sachte hinauf, sachte bergab, aber meistens auf ebener Strecke. Der eine gleitet gemächlich, der andere sportlich durch die weiße Pracht. Wenn dann noch die Sonne durch die Wolkendecke bricht, ist der sportliche Wintertag perfekt. Über einem wiegen sich die verschneiten Äste der Bäume wie glitzernde Kristalle im leichten Wind. Anstrengung und Genuss verschwimmen zu einem harmonischen Rhythmus. Während man durch die majestätische Kulisse gleitet, kann man dem leisen Dialog zwischen dem eigenen Atem und dem knirschenden Schnee unter den Skiern lauschen.

Die Langlaufloipe Lohrberg (sie führt durch den Wald) ist mit 5 Kilometer Länge die kürzeste. Einstieg in die Loipe ist an der Bayrischen Schanz am Wanderparkplatz. Ebenfalls dort beginnt die Eichberg-Loipe, auf der man 15 Kilometer unterwegs ist. Auf hessischer Seite der Bayrischen Schanz, am Parkplatz Ruheforst/Bestattungswald, steigt man in die Loipe Hermannskoppe ein. Auf 8 Kilometern führt sie durch den verschneiten Spessartwald. Wer es lieber offener mag, dem sei die Sonnenloipe ans Herz gelegt. 15 Kilometer ist sie lang (Einstieg ist ebenfalls der Parkplatz Ruheforst). Also auf geht's, die Langlaufskier angeschnallt und den winterlichen Zauber des Spessarts auf zwei Brettern erleben.

TIPP

An den Wochenenden Einkehr in der Waldschänke Bayrische Schanz, dem höchstgelegenen Wirtshaus im Spessart.

● Waldschänke und Wanderparkplatz Bayrische Schanz, Schanzstraße, 97816 Lohr-Ruppertshütten, Parkplatz Ruheforst/Bestattungswald, 63639 Flörsbachtal
www.bayrische-schanz.de, www.fc-germania-ruppertshuetten.de

Klipp, klapp

30 Die Mühlenstraße im Haseltal

So schön ist das Haseltal, durch das ein europäischer Kulturweg hindurchführt. Wen wundert's, stehen hier, in einem der wenigen Täler des Spessarts ohne größere Ortschaften, doch vier gut erhaltene Talmühlen am Haslochbach, heute allesamt Gaststätten. Sie erzählen Geschichten längst vergangener Zeiten. Eine jede hat ihre eigene Geschichte – und ihr eigenes Erscheinungsbild.

Die Nickelsmühle war früher ein Sägewerk mit einer Dampfmaschine. Auch gemahlen wurde hier. Sie zählt zu den ältesten Mühlen im Tal und stammt aus dem 14. Jahrhundert. In der Schreckemühle geht nicht etwas der Schreck um, vielmehr war ein Müller mit diesem Namen einst Pächter. Heute ist sie die letzte verbliebene Mahlmühle im Haselbachtal, die noch Roggen-, Weizen- und Dinkelkorn zu Mehl mahlt, bekannt unter dem Namen Wiesmann Mehl. Viele Bäckereien aus der Region backen ihr Brot damit. Um die Land- und Waldwirtschaft im Haseltal kümmerte sich die 1424 erstmals erwähnte Zwieselmühle. Hier wurde in schlechten Zeiten fürs Vieh das Laub im Wald gesammelt. In der Schleifmühle wird die Geschichte des Försters Johann Sator erzählt, der den berüchtigten Wilderer Johann Adam Hasenstab erschoss.

TIPP

Die Rundwanderung dauert ungefähr 3,5 Stunden. Deshalb: bequeme Wanderschuhe anziehen.

Auch am Kulturweg gelegen: der Baumgartshof, früher eine Station auf einer alten Höhenstraße durch den Spessart, erstmals im 13. Jahrhundert erwähnt und somit einer der ältesten bekannten Höfe im südöstlichen Spessart.

Heute kann man in allen Mühlen einkehren und lecker essen, am besten bei einer Wanderung durchs Tal – 5 Kilometer hin, das Gleiche wieder zurück. Die Mühlen säumen den Wanderweg und zeugen von einer Vergangenheit, die durch ausführliche Infotafeln lebendig wird. Sie sind dabei Zeitzeugen, die Geschichten von Arbeit, Tradition und einem harten Leben erzählen. Das Tal wird so zu einem lebendigen Geschichtsbuch, das zu einer anschaulichen Reise in die Vergangenheit einlädt. Ein Stück Heimatherz im Herzen des Südostspessarts.

● Mühlenstraße, Start: Parkplatz Markuskapelle, 97852 Schollbrunn

Ein Hauch Italien am Main

31 Das Pompejanum in Aschaffenburg

Das architektonische Highlight von Aschaffenburg ist unbestritten das Schloss Johannisburg. Doch nur ein paar Hundert Meter entfernt, im Schlossgarten, steht ein Kleinod, das den Betrachter in die Welt der Römer zurückversetzt. Das Pompejanum ist der Nachbau einer römischen Villa. Den Auftrag zum Bau gab König Ludwig I. im Jahr 1840 als großer Fan der Antike und inspiriert durch die Ausgrabungen in Pompeji. Das Bauwerk sollte ihm selbst und Kunstliebhabern als Anschauungsobjekt dienen, so der Gedanke.

Um die zwei Innenhöfe – das Atrium mit einem Wasserbecken und das begrünte Viridarium – finden sich im Erdgeschoss Empfangs- und Gästezimmer, eine Küche und Speisezimmer. Die Innenräume sind prachtvoll ausgemalt, die Mosaikfußböden wurden nach antiken Vorbildern kopiert. Doch nicht alles im Pompejanum ist Nachahmung. Es sind auch original römische Kunstwerke ausgestellt, Skulpturen aus Marmor und kleine Bronzestatuen sowie zwei seltene Götterthrone aus Marmor. Leider wurde das Gebäude im Zweiten Weltkrieg schwer beschädigt, seit 1960 aber restauriert und vervollständigt.

Draußen, auf der Balustrade, mit Blick hinüber zum Schloss und hinunter zum Main, kann man an einem Sommertag gut und gerne mal vergessen, dass man sich im nördlichsten Bayern befindet. Vielmehr mutet der sonnenverwöhnte Hang mit seinen Mandel- und Feigenbäumen und den vielen Agaven, die liebevoll drapiert in Tontöpfen wachsen, mediterran an. Jetzt versteht man auch, warum Aschaffenburg den Beinamen „Nizza Bayerns" trägt. Wahrlich ein Ort zum Träumen, Entspannen und Abschalten. Unterhalb der Balustrade erstreckt sich ein kleiner Weinberg, nicht mehr als einen halben Hektar groß. Viel wirft der Pompejanum-Weinberg freilich nicht ab, deshalb ist es nur ausgewählten Personen vorbehalten, von dem Riesling zu kosten.

TIPP

Mit einem guten Buch auf einer der Bänke unter dem pflanzenberankten Arkadengang Platz nehmen.

- Pompejanum Aschaffenburg, Pompejanumstraße 5, 63739 Aschaffenburg
  www.schloesser.bayern.de
- ÖPNV: Bus 50, Haltestelle Pompejanumstraße

Süße Früchtchen

32 Ein Vormittag auf dem Erdbeerfeld

Rotes Glück, so weit das Auge reicht, präsentiert sich im Mai und Juni auf den Erdbeerfeldern im und rund um den Spessart. Auf dem Selbstpflückfeld der Staatsdomäne Kinzigheimer Hof in Niedergründau ist an diesem frühen Morgen noch wenig los. Die mitgebrachten Körbchen werden abgewogen – ihr Eigengewicht wird später, wenn die Behältnisse hoffentlich voller süßer Früchte sind, von dem Inhalt abgezogen. Dann geht es rein ins rote Vergnügen, mitten durch die Erdbeerreihen. Wo soll man nun zuerst mit dem Pflücken beginnen? Die Pflanzen hängen voll und die Früchte sind groß und sattrot. Toll, dass man keinen eigenen Erdbeergarten haben muss, um in den Genuss vollreifer, noch sonnenwarmer Erdbeeren zu kommen. Eine um die andere wandert ins Körbchen, das sich erstaunlich schnell füllt – obwohl sich nicht gerade wenige Erdbeeren auch in den Mund verirren. Doch das ist erlaubt und versüßt das Pflücken umso mehr.

Die monotone Pflückarbeit lädt zum Entschleunigen ein und der Gedanke, was man anschließend aus den roten Leckereien zaubern kann, lässt die Zeit, bis der Korb gut gefüllt ist, im Nu verstreichen. Marmelade, Sirup, Erdbeertörtchen pur oder mit Sahne genossen, Ideen gibt es zuhauf.

Wer spontan am Feld vorbeikommt und kein eigenes Behältnis mitgebracht hat, kann auch vor Ort eines erwerben. Wenn der Korb voll ist, wird der Inhalt gewogen, und nach Gramm abgerechnet. Zu Beginn der Saison sind die Erdbeeren noch ein wenig teurer, weil es einfach noch nicht so viele gibt. Der Preis wird mit fortschreitender Saison angepasst. Vollreif und frisch von der Pflanze schmecken Erdbeeren wirklich unvergleichlich gut. Zudem sind die selbst geernteten Früchte preiswerter als im Supermarkt oder auf dem Wochenmarkt. Für viele Familien ist der Ausflug zum Erdbeerfeld ein jährlich wiederkehrendes Ritual.

TIPP
An den Verkaufsständen der Staatsdomäne (in Form einer Riesenerdbeere) kann man fertige Schälchen kaufen.

● Selbstpflückfelder beim Kinzigheimer Hof, 63486 Bruchköbel
www.kinzigheimerhof.de

Ein Riese mit Geschichte

33 Ältestes Gasthaus steht in Miltenberg

Ein wahrer Prachtkerl ist er, dieser Riese. Die Rede ist nicht etwa von einer Sagengestalt, nein, dieser Riese ist ein Gasthaus und steht in Miltenberg. Der Fachwerkprachtbau gilt als eines der ältesten Wirtshäuser Deutschlands. In der Fußgängerzone, in der so einige pittoreske Häuser stehen, ist er der Star. Schon im 12. Jahrhundert stiegen dort Könige und Kaiser ab. Auch der King himself soll dagewesen sein, Elvis Presley. Heute ist die ortsansässige Brauerei Faust für die Bewirtung zuständig. Selbstredend ist die Bierkarte entsprechend umfangreich. Der Gast hat die Qual der Wahl, denn die Bierkarte, die eine ganze Seite umfasst, ist wirklich umfangreich. Riesen Spezial, Faust Pils, Bayrisch Hell, Schwarzviertler, Kräusen und Doppelbock sind nur einige Beispiele. Am besten öfter kommen und sich durchprobieren. Schon im 19. Jahrhundert hatte der Riese das Braurecht inne. Hinweis darauf gibt das an der Außenwand befestigte Wirtshausschild mit dem sechszackigen Braustern, dem Zunftzeichen der Brauer.

TIPP

Erlebnisführung im Brauhaus Faust, buchbar unter Tel. (0 93 71) 97 13 48.

Doch im Riesen geht's nicht allein ums Trinken. Die Küche ist angelehnt an die alte Tradition des Hauses, dabei trotzdem dem heutigen Zeitgeist entsprechend. Frisch und regional obendrein, da kann's nur schmecken. Serviert werden etwa die original Miltenberger Rossäpfel – nein, das sind keine Hinterlassenschaften von Pferden. In der Mainstadt nennt man so die Leberknödel, die in einer Dunkelbiersoße mit Speck, Sauerkraut und Bratkartoffeln serviert werden. Für den kleinen Hunger empfiehlt sich der Miltenberger Wurstsalat mit Butterbrot. Zu jedem Gericht gibt es auch immer eine Bierempfehlung. Der Blick in die Speisekarte informiert zudem über Historisches.

Besonders interessant: In alten Unterlagen der Stadt Miltenberg wird das Gasthaus immer wieder mit Hexenprozessen in Verbindung gebracht. Motiv war wohl der wirtschaftliche Neid, Riesenwirte endeten bisweilen auf dem Scheiterhaufen. Der Platz vor dem Riesen wurde folglich auch als Hexentanzplatz bezeichnet.

● Gasthaus Zum Riesen, Hauptstraße 99, 63897 Miltenberg, riesen-miltenberg.de
● ÖPNV: Bus 82, Haltestelle Engelplatz

Libellentreff am Moor

34 Das Feuchtgebiet Eschenkar am Lämmerbach

Ein kleines Stück Laufweg muss man zurücklegen, um in dieses einstmals bäuerlich genutzte Wiesental zu gelangen. Startpunkt ist der Wanderparkplatz Friesenheiligen, der von Bad Orb aus zu erreichen ist. Auf dem Rundweg 14 (4,8 Kilometer) gelangt man zum Eschenkar. Eingebettet in den Spessartwald ist es ein Ort von faszinierender Naturschönheit, der überdies von ökologischer Bedeutung ist. Dieses versteckte Juwel am Lämmerbach wurde, nachdem die Landwirtschaft hier aufgegeben wurde, mit Fichten aufgeforstet. Doch in den 1980er-Jahren hat man sich entschlossen, die Talmitte in ein pittoreskes Feuchtgebiet umzuwandeln. Befreit von Bäumen konnte sich so eine für den Spessart seltene Moorlandschaft, begünstigt durch den verstärkten Lichteinfall, wunderbar entwickeln. Oberstes Ziel ist die Ausbreitung des moorbildenden Torfmooses.

Die Luft hier draußen ist erfüllt von einem frischen Duft nach Moos und feuchter Erde. Dazu das beruhigend sanfte Plätschern des Wassers. Fauna und Flora laden zum Staunen ein. Seltene Sumpfpflanzen wie den Sonnentau gilt es ebenso zu bewundern wie wunderschöne Seerosen, die in den kleinen Tümpeln ihre Schönheit entfalten. Hier ist die Heimat des Grasfroschs und der Kreuzotter, ebenso wie die vieler Insekten. Libellen ziehen ihre Kreise über der Wasseroberfläche und es ist faszinierend, diese filigranen Flugkünstler zu beobachten. Umgeben von Schilf und Binsen fühlt man sich, obwohl mitten im Wald, wie in eine andere, zauberhafte Welt versetzt. Das Eschenkar bietet einen Lebensraum für viele seltene Tier- und Pflanzenarten, die sich in dieser natürlichen Oase prächtig entwickeln und gedeihen.

Das Tolle: Man kann mitten hindurchlaufen, über einen Bohlensteg, der begleitet wird von einem Moorlehrpfad mit Infotafeln. Die Gesellschaft für Naturschutz und Auenentwicklung (GNA) erhält und fördert dieses wunderbare Feuchtgebiet gemeinsam mit der Stadt Bad Orb – ein wahres Kleinod im hessischen Spessart.

TIPP

Am Waldrand neben einer eingefassten Quelle steht versteckt eine alte Holzbank. Platz nehmen und genießen!

● Feuchtgebiet Eschenkar, Start der Wanderung: Waldparkplatz in der Verlängerung der Molkenbergstraße, 63619 Bad Orb

Scheideweg der Dialekte

35 Der Äppeläquator bei Rohrbrunn

An der Hochstraße zwischen Schollbrunn und Rohrbrunn verläuft der Äppeläquator. Er markiert die Sprachgrenze zwischen dem rheinfränkischen und dem mainfränkischen Dialekt, eine der bekanntesten Sprachgrenzen Deutschlands. Ein Gedenkstein macht auf die Linie, die von Wertheim nach Schollbrunn verläuft, aufmerksam. Auf ihm findet sich folgendes Gedicht:

„Hier löscht der Oepfelmoust Dein Durscht, den Hunger Grumbiernbrei un Wurscht. Degeche: Worscht un Äppelwoi, muss uff de annern Seide soi."

Ist der erste Teil des Gedichts im rheinfränkischen Dialekt verfasst, kommt im zweiten Teil der ostfränkische und damit der unterfränkisch geprägte Dialekt zum Ausdruck. In dem Vers ist auf anschauliche und witzige Weise der Wechsel vom „Äppelwoi" zum „Oepfelmoust" dargestellt. Seit Mai 2004 macht der Gedenkstein auf die Dialektgrenze aufmerksam, die sich an bestimmten Kennwörtern festmachen lässt. Was auf der einen Seite „Appel" heißt, wird auf der anderen Seite zum „Apfel" und vom „Äppelwoi" geht's zum „Oepfelmoust".

TIPP

Den Apfelwein in den Gastwirtschaften des Spessarts unbedingt probieren!

Eine Infotafel, die neben dem Gedenkstein platziert ist, gibt Aufschluss darüber, dass vor allem das Gebiet rund um Schollbrunn für Sprachforscher eine überaus interessante Spielwiese bietet. Der Äppeläquator ist übrigens eine Außenstation des Europäischen Kulturrundwegs „Südlich des Äppeläquators", der von Schollbrunn oder der Kartause Grünau begangen werden kann. Wer sich einen Apfelwein in den Rucksack packt, dazu zwei „Gerippte", so heißen die Gläser, aus dem der Apfelwein typischerweise getrunken wird, der kann ganz wunderbar vor dem Grenzstein anstoßen. Dazu ein deftiges Wurst- oder Käsebrot – was für eine wunderbare Brotzeit inmitten der Natur. Ein Prosit auf den Apfel und auf das leckere Stöffche, das daraus gemacht wird. Oder eben auf den Appel, je nachdem, auf welcher Seite der Grenze man sich zuprostet.

● Äppeläquator – Gedenkstein an der Hochstraße auf halbem Weg zwischen 97852 Schollbrunn und 63879 Rohrbrunn

DER ÄPPELÄQUATOR
SPRACHGRENZE
RHEINFRÄNKISCH MAINFRÄNKISCH
DEN HUNGER GRUMBIERNBREI UN WURSCHT.
DEGSCHE..
WORSCHT UN ÄPPELWOI
MUSS UFF DE ANNERN SEIDE SOI.

Im Flow den Berg hinab

36

Adrenalin pur auf den MTB-Trails in Bad Orb

Puh, so ganz ohne Motorunterstützung kommt man doch ins Schnaufen. Schließlich gilt es, bis zum Einstieg in den Haseltaltrail ein paar Höhenmeter zu machen. Doch die wunderbare Waldluft, die anmutigen Kiefern und Fichten, die sich die Berghänge hinaufziehen, entschädigen für die Schweißtropfen. Auf den Flowtrails in Bad Orb (neben besagtem Haseltaltrail gibt es noch den DonBosco-Trail, den Wintersbergtrail und einen Übungsparcours) kann man Naturerlebnis und sportliche Herausforderung vereinen. Die Spessartwälder rund um die Kurstadt sind bekannt für ihre vielfältigen Mountainbikestrecken, die sowohl für Einsteiger als auch für erfahrene Mountainbiker geeignet sind. Dazu kommen die Flowtrails, flüssig zu befahrende Mountainbikestrecken mit mäßigem Gefälle, kleinen Kurven, Hindernissen (die bei Bedarf umfahren werden können) und welliger Streckenführung zur Erzeugung des typisch flowigen Achterbahngefühls. Der Untergrund ist dabei naturbelassen, vergleichbar mit einem kleinen Waldpfad. Ein Helm ist obligatorisch.

Ein guter Ausgangspunkt für den Haseltaltrail ist der Parkplatz Haselruhe im wunderschönen Haseltal. Über die MTB-Tour 18 und später auch über die MTB-Tour 5 erreicht man den Einstieg (gegenüber dem Parkplatz Burgjoßer Heiligen). Vom Start bis zum Ziel ist der Haseltaltrail 2,6 Kilometer lang, 183 Meter geht es in die Tiefe. Ist der erste Abschnitt relativ flach und flowig, ändert sich der Streckencharakter im zweiten Teil. Jetzt kommen Hindernisse hinzu, insgesamt 66 Elemente sind in die Strecke integriert. Flott geht es hinunter ins Tal und viel zu schnell ist man wieder am Ziel, dem Parkplatz Haseltal, angekommen.

Für Trail-Neulinge empfiehlt es sich, sich vorher auf dem 500 Meter langen Übungsparcours warmzufahren. Mit einer mäßigen Höhendifferenz von 22 Metern ist er besonders für Anfänger geeignet. Sein Ausgangspunkt ist ebenfalls der Parkplatz Haselruhe.

TIPP

Einkehr im Jagdhaus Haselruhe direkt am Parkplatz Haseltal. Zu empfehlen sind Wildgerichte und Forellen.

● Haseltaltrail, Haselruhe, 63619 Bad Orb, www.flowtrail-badorb.de

Ein Wirtshaus im Wald

37 Das fürstliche Forsthaus Sylvan bei Bischbrunn

Der Sylvan ist eines dieser selten gewordenen, urigen und einsam mitten im Wald gelegenen Wirtshäuser in den Tiefen des Spessarts. Zwischen Rohrbrunn und Bischbrunn im Hochspessart, eingebettet in die für den Spessart so typischen Eichenwälder, ist das ehemalige Forsthaus ein beliebtes Ausflugsziel – aber nur zu Fuß erreichbar, ohne Anschluss ans Stromnetz, an Kanalisation oder Müllabfuhr. Das macht vermutlich seinen besonderen Charme und Reiz aus.
Der Sylvan ist alt, über 200 Jahre. Als Unterkunft und Versorgungsstation für Förster- und Zaunwärterfamilien wurde damals eine ganze Reihe von Forstgebäuden benötigt – eines davon war der Sylvan. Den Namen erhielt er, so heißt es, im Gedenken an Sylvanus, den römischen Gott des Waldes.1948 wurde das abgelegene Anwesen zur einfachen Gaststätte für Wanderer und Waldarbeiter umfunktioniert, und in den 1970er-Jahren von der Sektion Main-Spessart des Deutschen Alpenvereins für Übernachtungsmöglichkeiten gepachtet. Um die Gastronomie kümmert sich heute Wirtin Diana Kühhirt. Sie verwöhnt Wanderer mit frisch gebackenem Kuchen und Deftigem. Der Klassiker: ein Paar Sylvanbratwürste, grob, hausgemacht, nach eigener Rezeptur, ein Genuss. Wahlweise mit Kartoffelsalat oder mit Bauernbrot und Sauerkraut serviert, wobei Letzteres ein wahrer Traum ist. Zum Mitnehmen (aber auch auf der Speisekarte) gibt es Wildprodukte aus eigener Herstellung wie Wildschweinschinken oder -salami und Honig.
Der Sylvan steht im 42 Hektar umfassenden Naturschutzgebiet Weihersgrund, einem breiten, idyllischen und unverbauten Wiesental. Es gibt verschiedene Möglichkeiten, um zum Forsthaus zu wandern, eine davon startet am Wanderparkplatz am Torhaus Aurora an der Staatsstraße zwischen der Abfahrt Rohrbrunn an der A3 und der Gemeinde Bischbrunn. Von dort aus ist der Weg gut beschildert und ungefähr 3 Kilometer lang.

TIPP

Im Sylvan gibt es regelmäßig Livemusik. Die Termine findet man auf der Internetseite.

● Fürstliches Forsthaus Sylvan Gaststätte, Weihersgrund, 97836 Bischbrunn, www.forsthaus-sylvan.de, Start der Wanderung zum Forsthaus: Wanderparkplatz am Torhaus Aurora, 97840 Bischbrunn

SKT. MARTINUS
Genuss ohne Alkohol

Die Nuss – ein Muss

38 Die Edelbrennerei Dirker im Kahlgrund

Wer im Spessart über einen einigermaßen gut bestückten Barschrank verfügt, der hat mit ziemlicher Sicherheit auch einen Haselnussschnaps im Sortiment. Wer diesen mit sehr großer Wahrscheinlichkeit gebrannt hat? Natürlich der Dirker. Dieser Name ist in der Region so ziemlich jedem ein Begriff. Arno Josef Dirker ist Brenner im Kahlgrund. Einer von sehr vielen übrigens, denn im Kahlgrund hat das Schnapsbrennen eine lange Tradition. Dirker allerdings zählt zu den erfolgreichsten Brennern der Republik und hat für seine Brennkunst schon etliche Preise abgeräumt. Den Bundesehrenpreis sogar schon zweimal. Schnapsbrenner des Jahres war er auch schon. Hier ist viel Leidenschaft im Spiel. Und viel Liebe zum Detail, auch wenn jährlich gut 32.000 Flaschen über die Theke gehen. Jede einzelne ist handbeklebt mit liebevoll gestalteten Etiketten, beschriftet in geschwungener Schreibschrift auf buntem Papier, das auf die Art des Destillats in den kegelförmigen Flaschen mit ihrem langen, schmalen Hals hinweist. Der Chef höchstpersönlich entwirft und beschriftet die Etiketten. Diese sind auch das Markenzeichen der Dirker Edelbrände. Im Ladengeschäft im Kahlgrund stehen sie dicht an dicht in Regalen. Wem die Entscheidung ob der Vielfalt schwerfällt, kann kosten. Das Obst für den Schnaps wächst rund um die Niedersteinbacher Brennerei: Äpfel und Birnen, Mispeln und Pflaumen. Angebaut wird rein biologisch. Heraus kommt sehr, sehr Leckeres. Kernobstbrände wie Williams oder der Winter Obstler, Steinobstbrände wie das holzfassgelagerte Feldzwetschgenwasser. Oder die Beerenbrände, Morio Muskat etwa. Dirker Haselnuss ist von jeher der Renner, es heißt, das Destillat aus gerösteten Haselnüssen gleiche flüssigem Nutella. Und es gibt auch Heilkräutergeiste, wie das Dirkers Rauhnachtsdestillat. Ausgefallen ist der Kräutergeist Grie Soos oder der Blaufichtenzapfen-Geist. Wer es etwas süßer mag, dem seien die Liköre empfohlen: Zimtstern, Apfelstrudel oder Gartenhimbeere, lecker sind sie alle.

TIPP

Im Herbst laden die Brenner zu „Der Kahlgrund brennt" ein und lassen sich beim Destillieren zuschauen.

● Edelbrennerei Dirker, Alzenauer Straße 108, 63776 Mömbris, www.dirker.de
● ÖPNV: RB 56, Bahnhof Niedersteinbach

Mollebusch-Birne
Blutbirnenbrand
Brand von Zitronenbirne
Himbeer-Geist
Erdbeerenbrand
Orangen-Geist
Geist aus Blutorangen
Geist aus Bergamotte
Geist aus Grapefruit

Ein Ort der Kontemplation

39 Auszeit im Stadtgärtchen von Marktheidenfeld

Worüber sie wohl sinnieren, die beiden Damen, die in der hinteren Ecke des Stadtgärtchen Platz genommen haben? Sie scheinen nachdenklich, dabei aber positiv gestimmt. Blicken in die Ferne. Vielleicht zum Tor hinaus, auf den Main? Jedenfalls haben sie für ihre Kontemplation den richtigen Ort gewählt. Das Stadtgärtchen in Marktheidenfeld am Oberen Mainkai ist ein Ort der Besinnung, ein Ort der Ruhe, ein Rückzugsraum für diejenigen, denen gerade danach ist, in sich zu gehen. So nah dran zwar am bunten Treiben des Zentrums und des Radwegs, so nah am Mainufer mit seinen Touristen und doch geschützt und verborgen durch die ihn umgebenden Mauern.

Auf einer Sandsteintafel am Eingang sieht man, welchem Zweck dieser Ort früher diente. Auf ihr abgebildet sind Frauen, die Wäsche zum Trocknen aufhängen. Allerdings machen Gänse ihnen die Wiese streitig. Die zum Main gelegenen Wiesen sind einst als Bleichwiesen genutzt worden, waren Gänsen aber eben auch ein Refugium. Die Tafel ist vom Marktheidenfelder Künstler Erich Gillmann (1925–2016). Von ihm finden sich weitere Plastiken im Stadtgärtchen, wie die Gänseliesel neben dem Eingang.

TIPP Sich vorher beim Bäcker einen Cappuccino to go holen, abschalten und runterkommen.

Die eingangs erwähnten Damen sind übrigens Dauergäste im Stadtgarten. Ebenfalls Kunstwerke. Lebensgroß. Aus Keramik und von der Würzburger Künstlerin Hilde Würtheim.

Das Stadtgärtchen ist symmetrisch angelegt, die Wege kreuzen sich genau in der Mitte, wo auch ein Brunnen steht. Auf diese Art wurden Gärten seit dem Barock angelegt. Der Marktheidenfelder Stadtgarten wurde wohl 1754 geschaffen, diese Zahl steht zumindest über dem Eingangstor. Ursprünglich soll er einem Kaufmann gehört haben. 1994 kaufte die Stadt den Garten, richtete die Anlage anlässlich des 50-jährigen Stadtjubiläums wieder her und übergab das Gärtchen der Öffentlichkeit. Nun ist ein jeder zur Entspannung und zur Kontemplation eingeladen.

- Stadtgärtchen, Oberer Mainkai, 97828 Marktheidenfeld
- ÖPNV: Bus 620, Haltestelle Kupsch

Wintersport am Engländer

40 Ein Schneetag am Schlepplift im Jakobsthal

Oft kommt es nicht vor, dass im Spessart ausreichend Schnee liegt, damit die Liftbetreiber ihre Liftanlagen anwerfen. Doch wenn die telefonische Bandansage „20 Zentimeter Schnee, Ski und Rodel gut" lautet, dann ist auf den Hängen Winterspaß garantiert. Das Skigebiet am Engländer in Jakobsthal liegt auf 420 bis 500 Metern Höhe. Nicht gerade hoch, doch wenn es geschneit hat, taucht man hier in eine zauberhafte Winterlandschaft des Naturparks Spessart ein. Auf einer Fläche von 100.000 Quadratmetern ist sowohl für Ski- als auch für Snowboardfahrer etwas geboten.

Immerhin drei Lifte gibt es, die bei ausreichend Schnee täglich in Betrieb sind. Wintersportler können mit Doppelbügelliften nach oben fahren. Der eine ist 400 Meter lang, der andere kommt auf eine Länge von 350 Metern. Für Anfänger steht ein 200 Meter langer Übungslift bereit. Neben dem langen Lift ist zudem für Snowboarder ein Funpark angelegt. Eine Rail, eine Pipe und zwei Kicker sorgen hier für zusätzlichen Spaß auf dem Brett. Wer unter der Woche Zeit hat, ist am Lift klar im Vorteil. Warum? Weniger Skifahrer auf der Piste, weniger lange Schlangen am Lift. Doch auch am Wochenende sind die Hänge nicht wirklich überfüllt und man kommt auch als Mittelgebirgsskifahrer voll auf seine Kosten.

TIPP

Skifahren im Spessart ist deutlich günstiger als in den Alpen und hat durchaus seinen Reiz.

Nicht alle mögen Skisport? Kein Problem, denn neben den Skiabfahrten gibt es ausreichend Gelände, um mit Schlitten oder Bob den Berg hinunterzujagen. Und wer lieber eine Winterwanderung unternehmen möchte, der kann auf einem 2 Kilometer langen Rundweg flanieren – Fernsicht inklusive. Für den kleinen Hunger gibt es an der Talstation von Lift 2 einen Schnellimbiss. Ist der Hunger größer, kann man in der Ortschaft Jakobsthal oder im Waldhaus Engländer einkehren. Alternativ kann man im Spessart beispielsweise noch im Heigenbrückener Winterloch und am Sauerberg bei Frammersbach Alpinski fahren.

● Skilifte am Engländer, 63869 Jakobsthal, www.englaender-skilifte.de
www.tus-frammersbach.de, www.skiclub-heigenbruecken.de

Auf den Spuren der Ritter

41 Die Clingenburg in Klingenberg

Die Burgruine Clingenburg, die hoch über der malerischen Stadt Klingenberg thront, ist ein historisches Juwel, das schon beim Blick hinauf aus dem Maintal beeindruckt. Im Jahr 1177 von Conradus Colbo, dem Mundschenk Kaiser Friedrich Barbarossas, erbaut, reichten die imposanten Flankenmauern bis ins Tal hinab. Ein Grund für Handwerker, Kaufleute, Winzer und Fischer, sich im Schutz der Burg anzusiedeln. Die Clingenburg lädt ihre Besucher ein, in eine längst vergangene Zeit zurückzureisen. In die Zeit etwa, als das Erzstift Mainz den Herrschaftsbereich erwirbt und Klingenberg zur mainzischen Amtsstadt macht. Doch der mainzische Amtmann Johann Leonhard Kottwitz von Aulenbach baute sich 1560 ein bequemes Stadtschloss. In der Folge zerfiel die Clingenburg im Laufe der Jahrhunderte. Um 1870 kauften die Klingenberger Stadtväter aus den Überschüssen des benachbarten Tonbergwerkes die Burgruine und ließen sie als Ort herrichten, der sich für Veranstaltungen eignet.

TIPP

Auf der Burgterrasse Clingenburg Kaffee und Kuchen genießen.

Doch bevor man in diese Geschichte eintritt, gilt es, die Burg zu erklimmen. Das geht entweder über die Burgtreppe oder, vorbei am Weinbau- und Heimatmuseum, über einen weniger steilen Weg. Nach einer guten Viertelstunde erwartet die Besucher ein einmaliger Blick über das Maintal und die Dächer der mittelalterlichen Altstadt. Die wahre Magie der Clingenburg zeigt sich bei Sonnenuntergang. Wenn die letzten Sonnenstrahlen die roten Dächer von Klingenberg in ein goldenes Licht tauchen und die umgebenden Weinberge in einem satten Grün erstrahlen, offenbart sich die ganze Schönheit dieses Ortes. Der Blick von der Burgterrasse erstreckt sich über den Main und man kann nachvollziehen, warum genau an dieser Stelle eine Burg errichtet wurde. Die Clingenburg ist nicht nur ein geschichtsträchtiger Ort, sondern auch ein Platz, der die Sinne beflügelt und die Fantasie in die Vergangenheit schweifen lässt, während sie gleichzeitig die gegenwärtige Schönheit zelebriert.

● Burg Clingenburg, Burgweg, 63911 Klingenberg, www.stadt-klingenberg.de
● ÖPNV: Bus 61, 67, 76, Haltestelle Marktplatz

Das Tortenparadies

42

Das Café Waldfriede in Bad Orb

„Dort, wo die junge Orb durch grüne Matten / Talabwärts tänzelt und der Wälder / Schatten bis auf die Straße niedersteigt, / Dort liegt behaglich am sanften Hang / geschmiegt ein gastlich Haus. / Hier halte frohe Rast, / weil du ein Paradies gefunden hast."
Es war im Jahr 1935, als der Bab Orb Urlauber Dr. Augustin Wibbelt viel Zeit im Café Waldfriede verbrachte und dieses Gedicht als Hommage verfasste. Bis heute aktuell, ziert es das Hausprospekt und übertreibt nicht, denn oben, tief im Spessartwald, findet man ein wahres Tortenparadies. In der vierten Generation führt Familie Ulrich ein wahres Juwel für Genießer und Liebhaber von süßen Köstlichkeiten. Die Kuchen- und Tortentheke scheint endlos, hier ist die Wahl sprichwörtlich eine Qual – dazu der Duft von frisch gebrühtem Kaffee, der die Entscheidung für eine Kombination aus Torte und Heißgetränk umso schwerer macht – weshalb man bisweilen sogar zwei Tortenstücke verdrückt. Von der klassischen Schwarzwälder Kirschtorte über den Frankfurter Kranz zur Käsesahne, von Obstböden bis Buttercremetorte, die Auswahl ist schier unendlich – und genau dafür ist das Café Waldfriede bekannt. Die Konditoren verstehen ihr Handwerk meisterhaft und zaubern verlockende Kreationen, die den Gaumen in Verzückung versetzen.
Doch die hausgemachten Torten und Kuchen sind nicht nur ein Fest für den Geschmackssinn, auch die Augen werden verwöhnt. Jedes Stück ist ein Kunstwerk für sich, liebevoll dekoriert und mit einer Hingabe zubereitet, die man schmecken kann. Frische Früchte, buttrige Creme und luftiger Biskuit verschmelzen zu einem harmonischen Ganzen, das pure Gaumenfreude bereitet. Kalorien zählen sollte man bei einem Besuch im Café Waldfriede lieber nicht und es sich stattdessen einfach nur schmecken lassen.
Die Sonnenterrasse bietet die Möglichkeit, die Köstlichkeiten unter freiem Himmel zu genießen. Umgeben von herrlichem Grün und dem Rauschen des Waldes kann die Seele baumeln, sodass der Besuch nicht nur süße Verführung, sondern auch pure Erholung ist.

TIPP

Im Café Waldfriede gibt es auch Deftiges. Absolut zu empfehlen ist der Stramme Max mit rohem Schinken.

● Café Waldfriede, Villbacher Straße 48, 63619 Bad Orb, www.cafe-waldfriede.de
● ÖPNV: Bus MKK 80, MKK 83, Haltestelle Wildpark Waldfrieden

Atemberaubende Weitsicht

43

Der Blick vom Buchbergturm im Vorspessart

Mit seinen 200 Metern stellt der Buchberg im Vorspessart in Sachen Höhe zwar keine Rekorde auf, doch der gleichnamige Aussichtsturm, der auf seinem wunderbar bewaldeten Rücken thront und einen weiteren Höhengewinn von 29 Metern dazusteuert, ist allemal einen Besuch wert. Seit über 100 Jahren trotzt der aus Sandstein errichtete Turm Wind und Wetter und scheint, von einiger Ferne betrachtet, aus dem dichten Blätterdach herauszuwachsen. 150 Stufen gilt es zu erklimmen, um von der Aussichtsplattform den Blick gen Kinzigtal und Vogelsberg bis hin zu Rhön und Taunus und natürlich ins Rhein-Main-Gebiet schweifen zu lassen. Vor allem aber in Richtung der bewaldeten Spessarthügel, die sich von hier oben aus in voller Pracht präsentieren. Die Wälder erstrecken sich bis zum Horizont und die Bäume – alte Eichen und Buchen, Fichten und Kiefern – erzählen Geschichten, die sie über die Jahrhunderte hinweg gesammelt haben. Die Vögel singen ihr fröhliches Lied in den Baumwipfeln und die Luft ist vom magischen Duft des Waldes erfüllt. Ansonsten herrscht hier oben Stille, sie scheint fast greifbar zu sein. Sie lädt dazu ein, innezuhalten und ganz in die Ruhe einzutauchen. Die Augen schließen, dem sanften Rauschen der Blätter lauschen und dem leichten Wind, der durch die Wipfel streicht.

Der Buchbergturm ist ein Relikt aus der Wanderbewegung. Im November 1906 wurde der Buchberg-Verein gegründet. 1909 war der Turm nach vielen Mühen fertiggestellt. Etliche Sandsteine kamen aus dem nahe gelegenen Rückingen (heute ein Stadtteil von Erlensee), wo die Mauern des alten Klosters eingerissen wurden. Die offizielle Einweihungsfeier war am 29. Mai 1910. Wer den steinernen Turm erklimmt, lässt den Alltag ein Stück weit hinter sich, streckt sich den Wolken und der Sonne entgegen und ist dem Himmel ein Stückchen näher.

TIPP

Das gleich nebenan liegende Restaurant Buchberggrill serviert italienische Leckereien mitten im Wald.

● Buchbergturm, Auf dem Buchberg 1, 63505 Langenselbold

Waten wie ein Storch

44

Die Kneippanlage Hatchesgrund

Brrr, ist das eisig. Obwohl erst mal nur die Zehenspitze im Wasser steckt. Doch ein beherzter Ruck lässt schließlich das ganze Bein, bis kurz unter die Knie, eintauchen. Wie kalt das Wasser ist? Geschätzt wohl irgendwas zwischen 12 und 14 Grad. Ein kurzer Rock, ein ebenso kurzes Kleid oder Shorts sind da klar von Vorteil. Dann geht es im Storchengang im Uhrzeigersinn im Kreis herum. Gemächlich, besinnlich, entschleunigt. Ja, das geht tatsächlich, trotz des kleinen Kälteschocks zu Beginn.

Wichtig beim Kneippen: Die Füße müssen bei jedem Schritt immer komplett aus dem Wasser. Im Storchengang also. Wegen der Wirkung. Beim Wassertreten ziehen sich durch die Kälte an Füßen und Beinen die Kapillaren, hauchdünne Blutgefäße, zusammen. Diese Kontraktion fördert die Durchblutung. Und das wiederum wirkt sich positiv auf den Kreislauf aus, der angeregt wird. Auch der Stoffwechsel kommt so auf Trab und die Venen werden ebenfalls gestärkt. Kneippen soll sogar Krampfadern vorbeugen. Generell fühlt man sich nach dem kalten Fußbad wunderbar erfrischt.

TIPP

Vom Hatchesgrund aus starten auch schöne Rundwanderwege.

Im Hatchestal in Pfaffenhausen, einem Ortsteil von Jossgrund, watet man in Deutschlands größter Kneippanlage. Das Areal ist idyllisch eingebettet in den Spessartwald, ein kleiner Teich lädt zum Verweilen ein und drei Kneippbecken sowie Armkneippbecken, die mit frischem Quellwasser gespeist werden, stehen für Kneippfreunde bereit. Auf den weitläufigen Wiesenflächen – die Grünanlage ist 2,5 Hektar groß – kann man nach und während des Kneippens wunderbar barfuß laufen. Danach spürt man nämlich tatsächlich einen Energieschub, hat ein Lächeln im Gesicht und fühlt sich durch und durch wach und klar. Die Beine kribbeln auf angenehme Weise. Wahrscheinlich ist das das Blut, das durch die Venen gepumpt wird. Abtrocknen soll man seine Beine übrigens nicht, das würde die Wirkung hemmen.

● Kneippanlage Hatchesgrund, 63637 Jossgrund-Pfaffenhausen
(Zufahrt über die Kalbachstraße in den Hatchesgrund)

Geschicklichkeit gefragt

45 Beim Adventure-Golf in Heimbuchenthal

Klack – der Ball ist im Loch. Vier Schläge hat es an dieser Bahn gebraucht und das Strahlen auf dem Gesicht des Spielers macht deutlich, dass er mit dieser Anzahl sehr zufrieden ist. Ob die übrigen Bahnen auch so gut laufen? Mal sehen. 18 Bahnen gibt es insgesamt beim Adventure-Golf Räuberland in Heimbuchenthal und damit reichlich Gelegenheit, seine Geschicklichkeit unter Beweis zu stellen. Auf dem über 3500 Quadratmeter großen Gelände, das sich ins Tal der Elsava schmiegt, kommt der Spaß mit Sicherheit nicht zu kurz. Und auch der Ehrgeiz wird geweckt – bei der nächsten Bahn reicht vielleicht ein Schlag weniger.
Früher befand sich auf dem Areal über lange Zeit eine klassische Minigolfanlage, die vom Adventure-Golf abgelöst wurde. Anders als beim Minigolf, bei dem es hauptsächlich gerade Bahnen mit flacher Spielebene und künstlichen Hindernissen gibt, sind die Bahnen beim Adventure-Golf bereits selbst mit Hindernissen gespickt, samt Niveauunterschieden, Steigungen oder Wasserhindernissen und eingebettet in besondere Bauwerke oder Dekorationen. Und auch beim Abenteuergolf gilt es, die Bahnen mit möglichst wenigen Schlägen zu überwinden und den Ball einzulochen. Dabei sind Fokus, Feingefühl und Konzentration gefragt. So hat man die perfekte Mischung aus Minigolf und echtem Golf.
Also: tief einatmen, Luft anhalten, das Ziel anvisieren und den Schläger mit viel Gefühl gegen den Ball schlagen. Das gelingt besonders gut, wenn man sich auf das Spiel einlässt, herunterkommt und ganz im Moment ist: Man selbst, der Schläger, der Ball, die Bahn – mehr zählt nicht in diesem Augenblick. Und dann macht es irgendwann auch klack. Ob das nun nach drei, vier oder auch zehn Schlägen geschieht, ist letztlich egal. Der Spaß und der Augenblick sollen hier im Fokus stehen. Und wer richtig gut ist, dem gelingt sogar ein Hole-In-One. Hier sind viel Spaß und eine große Portion Glücksmomente garantiert.

TIPP

Im Kiosk auf dem Gelände gibt es eine große Auswahl an kühlen Getränken.

● Adventure-Golf, Millionenweg 1, 63872 Heimbuchenthal
● ÖPNV: Bus 40, Haltestelle Alte Kirche

Einkehr mit Heimatgefühl

46 Die Edelweißhütte in Gondsroth

Ab aufs Rad und hoch zur Edelweißhütte. Sonntags ist das im Sommer für viele ein Muss. Belohnt wird man für die Mühen des Bergauffahrens (denn ein paar Höhenmeter sind schon zu strampeln) allemal. Mit Herzlichkeit und selbst gebackenem Kuchen. Für den sorgen die Dienstleute des Touristenvereins Edelweiß, der die Hütte betreibt.

Ein typisches Wanderheim ist das Wingertshäuschen, wie es von Einheimischen liebevoll aufgrund seiner Lage am Schröther Wingert genannt wird. Heißt: Hierher kommen auch viele Rucksackreisende. Solche, die nur mal eben eine Sonntagswanderung machen genauso wie Wanderer, die auf einem der Weitwanderwege durch den Spessart unterwegs sind. Hier oben, am Waldrand, läuft alles unter dem Motto: Wozu die Hektik? Deshalb: Erst einmal auf einer der Holzbänke in der Sonne Platz nehmen – alternativ auf der überdachten Terrasse –, tief ein- und ausatmen und das Grün genießen, das vor allem im Frühling entgegenzuspringen scheint, als wollte es rufen: Schaut alle her, ich bin wieder da! Der Blick geht hinunter nach Hasselroth, hinüber ins Freigericht und weckt vielleicht die Lust, die Radtour oder Wanderung später noch ein wenig fortzusetzen.

Aber jetzt ist erst mal Zeit für einen der selbst gebackenen Kuchen, den die Vereinsmitglieder, die die Hütte von Frühjahr bis Herbst an Sonn- und Feiertagen aufsperren und bewirtschaften, zum Verkauf anbieten. Zwei, drei Kuchen gibt es meist zur Auswahl, einer leckerer als der andere. Kaffee gibt's freilich auch, genauso wie gekühlte Getränke. Und das alles zu fairen Preisen.

Die Edelweißhütte ist ein Ort der Einkehr, ist ein kleiner Schatz inmitten der Natur und lädt zu einem frischen Blick auf die Schönheit der Landschaft ein. Hier darf die Zeit gerne mal einen Moment länger stehen bleiben. Hier können Wanderer, Radler, Naturfreunde und Erholungssuchende gleichermaßen entspannen. In der ersten Satzung des Touristenvereins Edelweiß, 1919 gegründet, ist als Vereinszweck übrigens unter anderem die Erziehung in Liebe zur Heimat genannt. Wunderbar!

● Edelweißhütte, 63594 Hasselroth

Räuberbier im Räuberland

47 Einkehr in die Waldgaststätte Hohewart-Haus

Wunderbar, wie das zischt. So ein kühles Bier ist nach der Wanderung zum Hohewart-Haus die richtige Belohnung. Und schmecken tut's obendrein. Umso mehr, als es anzustoßen gilt, dass man hier im Räuberland nicht von den berüchtigten Spessarträubern heimgesucht wurde. Die nämlich treiben oben, auf der Hohen Wart, einem Höhenzug im Spessart-Landkreis Miltenberg, ihr Unwesen. Na ja, sie tun zumindest so, denn echte Spessarträuber gibt es im Spessart zum Glück nicht mehr. Vielmehr kann man für Gruppen einen Überfall bei den Mespelbrunner Spessarträubern buchen – samt Kräuterschnaps und Apfelwein.

Doch zurück zum Gerstensaft, der im Fall des Hohewart-Biers im eigenen Brauhaus entsteht. Aus vier Sorten können Besucher der Waldgaststätte wählen: Räuberdunkel, Räuberhell, Weizenhell und Weizenbock dunkel. Zudem gibt's in der Adventszeit den Weihnachtsbock und im Frühling den Maibock. Gebraut wird es mit Wasser aus der hauseigenen Quelle, mit streng kontrolliertem Tiefbrunnenwasser direkt vom Spessartwald.

Freilich gibt's hier oben auch was Ordentliches auf den Teller, zünftige regionale Gerichte stehen auf der Speisekarte: Räubergulasch, Bierkrustenbraten und am Wochenende ofenfrisches Spanferkel. Im Sommer sitzt man im urigen Biergarten, die Kinder können sich auf dem benachbarten Waldspielplatz austoben. Im Winter nimmt man heimelig geschützt im Fachwerkbau Platz.

Noch bis Anfang des vorigen Jahrhunderts war das Haus nichts weiter als eine Jagdhütte, die für die Bewirtung von vorbeiziehenden Kutscheninsassen sorgte. 1875 kaufte die Stadt Aschaffenburg das Haus. Namensgeber für das Hohewart-Haus ist der gleichnamige 433 Meter hohe Hügel, auf dem es steht. Hinkommen kann man beispielsweise in etwas mehr als 1 Stunde auf dem Wildsaupfad von Heimbuchenthal aus, eine Strecke von rund 5 Kilometer Länge.

TIPP

Vom Parkplatz aus ist es nur ein kurzer Fußweg bis zum Hohewart-Haus.

● Hohewart-Haus, 637875 Mespelbrunn, www.hohewart-haus.de (Richtung Hessenthal rechts abbiegen, am Straßenrand steht ein Modell des Hohewart-Hauses, der Beschilderung folgen, ca. 4 km)

Hohewart-Haus
der Stadt Aschaffenburg

Pieselkunst zum Schmunzeln

48

Der Staffelbrunserbrunnen in Miltenberg

Ob der Aschaffenburger Bildhauer Helmut Kunkel beim Kreieren des Staffelbrunserbrunnens darüber nachgedacht hat, dass sein Kunstwerk einmal zum meistfotografierten Motiv der Stadt wird? Das will schon was heißen, bei einer Stadt, die mit so vielen tollen Sehenswürdigkeiten aufzuwarten hat. Auch die Miltenberger selbst finden ihren Brunnen so richtig gut. Die drei Bronzefiguren stehen seit 2016 auf einem Sandsteinsockel am Main und „brunsen" (das fränkische Wort für „pinkeln"), was das Zeug hält.

Doch was hat es mit dem Namen Staffelbrunser auf sich? Angeblich, und das ist nur eine von verschiedenen Legenden, sollen die Miltenberger bei Hochwasser von den Stufen (Staffeln) ihrer Häuser heruntergebrunst haben. Es gibt allerdings auch die Erklärung, dass die Leute, die ihr Wasser früher am Staffelbrunnen geholt haben, die Staffelbrunnler waren. Irgendwann wurden dann alle Miltenberger so genannt und aus Brunnler wurden Brunser, einfach weil's lustig war. Die drei brunsenden Jungs sollen unterschiedliche Charaktere darstellen: der „Glee" („Kleine"), der „Gross" (Große) und der „Angeber".

Viele Mainkommunen haben auf diese Weise ihre Spott- und Spitznamen bekommen. Es gibt zum Beispiel die Weilbacher Frösch und die Wörther Sandhasen. Kaum ein Ort in der Region hat keinen Spitznamen, der vielleicht früher noch als Beleidigung angesehen wurde, heute aber mit einer guten Portion Selbstironie und sogar ein wenig Stolz getragen wird.

Miltenbergs Altbürgermeister Joachim Bieber fand den Brunnen sogar so gut, dass er ihm einen kleinen Reim gewidmet hat, der die drei pieselnden Burschen beschreibt, wie sie feixend in die Welt schauen, auf rotem Stein stehen und sich genau dort vom inneren Druck befreien wollen, wo man sie aufgestellt hat.

Wie auch immer sich die Namensgebung zugetragen haben mag, die Miltenberger sind die Staffelbrunser und diesem Spitznamen wird mit dem Staffelbrunserbrunnen gehuldigt.

TIPP

Staffelbrunser-Fruchtlikör von Münkels Beerenhof mit Destillerie in Miltenberg (Mainbullau Nr. 16).

- Staffelbrunserbrunnen, Mainstraße, 63897 Miltenberg
- ÖPNV: Bus 84, 86, 88, Haltestelle Linde

MILTE BERG

Das Herz der Stadt

49 Hanauer Wochenmarkt zu Füßen der Brüder Grimm

Früchte, Gemüse, Käse und Wurst und dazwischen jede Menge Menschen, stets bereit für ein kleines Schwätzchen – das ist der Hanauer Wochenmarkt, inmitten der kleinsten Großstadt Hessens. Immer mittwochs und samstags ein erlebenswertes Spektakel und lebendiger Treffpunkt. Rund um das Nationaldenkmal der Brüder Grimm gruppieren sich dann die Marktbeschicker mit ihren bunten und vielfältigen Ständen.

Der Hanauer Wochenmarkt gilt als einer der schönsten und größten in ganz Hessen. An rund 100 Ständen wird allerlei angeboten, zum Beispiel Fisch und Eier, Kräuter und Blumen – ein Kaleidoskop der Farben und Aromen. Gegen 6 Uhr morgens erwacht der Markt zum Leben und entwickelt sich im Laufe des Tages zum lebendigen Treffpunkt. Es herrscht eine ganz besondere Atmosphäre, die nicht nur die Hanauer, sondern auch Gäste immer wieder gerne genießen.

Geprägt von Geselligkeit übernimmt der Hanauer Wochenmarkt aber auch die Funktion einer sozialen Kontaktbörse. Hier trifft man Nachbarn und Freunde, tauscht Neuigkeiten aus, kommt aber genauso leicht mit Fremden ins Gespräch. Und mit den Marktleuten sowieso, die dabei gerne das passende Rezept zu ihren kulinarischen Angeboten verraten. Die Leidenschaft, mit der jeder Verkaufsstand hier betrieben wird, ist spürbar.

Und über allem thronen die Brüder Grimm, die Hanauer Märchenbrüder, die als Nationaldenkmal verewigt über den Marktplatz und seine Buden wachen. Mehrmals täglich erklingt von der Stirnseite des Platzes her die Melodie des Glockenspiels des Neustädter Rathauses, beispielsweise Musikstücke des in Hanau geborenen Komponisten Paul Hindemith.

Wer der Grimmstadt in der Weihnachtszeit einen Besuch abstattet, der findet hier nicht nur einen der schönsten Weihnachtsmärkte der Region, er kann sich obendrein vom Rathausadventskalender – hinter jedem Fenster verbirgt sich dann ein Kalendertürchen mit Märchenmotiven der Brüder Grimm – verzaubern lassen.

TIPP

Wer im Frühjahr und Sommer Setzlinge fürs Gemüsebeet sucht, wird hier fündig.

- Marktplatz Hanau, Am Markt, 63450 Hanau
- ÖPNV: Bus 5, Haltestelle Marktplatz

Von Harzen und Kräutern

50 Auf Räuchertour im winterlichen Spessartwald

Beim Räuchern offenbaren sich die Kraft und Seele einer Pflanze und sie teilt ihr Wissen mit. Diese Räucherweisheit lernen die Teilnehmer des Räucherworkshops gleich zu Beginn. Und auch, dass, wenn man Rosenblätter räuchert, die Liebe fließt. Ihr Wissen um die Kunst des Räucherns gibt Siglinde Seipel-Groß gerne weiter. Als Naturparkführerin ist sie heute im Spessartwald unterwegs, um eine Gruppe von gut 20 Teilnehmern in die uralte Tradition des Räucherns einzuführen. Dieses Wissen ist über die Jahre beinahe in Vergessenheit geraten, wird aber gerade wieder lebendig.

Früher war es üblich, nahezu täglich, vor allem aber vor und an Feiertagen wie Weihnachten oder in den zwölf magischen Raunächten Räucherwerk abzubrennen. Doch es muss nicht gleich Weihrauch von weit her sein, der geräuchert wird. Auch der Spessart bietet einiges an sehr gutem Räuchermaterial. „Dabei soll man nach dem Prinzip weniger Kopf, mehr Bauch vorgehen", empfiehlt die Räucherkundige. Also ruhig ausprobieren, welche Kräutermischung für einen selbst am besten passt. In Frage kommt etwa die Schafgarbe, die beim Verräuchern die Inspiration wecken soll.

TIPP

Ist das Harz von Nadelbäumen fest und weiß, kann man es vorsichtig ablösen und damit räuchern.

Beliebte Räucherkräuter sind auch der Salbei, der belastende Gedanken verflüchtigen soll, und der Beifuß, der das Loslassen und den Neubeginn unterstützt. Lavendel wirkt nicht nur beruhigend, er soll auch für einen wachen Geist sorgen. Und das Johanniskraut steht symbolisch für Licht und Sonne, zieht geräuchert den grauen Schleier von der Seele und hebt die Stimmung. Der Wacholder schließlich macht wach und stärkt die Konzentration. Wurde früher geräuchert, um die Götter milde zu stimmen oder aus hygienischen Gründen, geht es heutzutage eher darum, schlechte Energien loszuwerden und zu entschleunigen. Um Haus oder Wohnung auszuräuchern, sollen alle Fenster geschlossen, die Haustür aber offen sein. Dann geht es immer entgegen dem Uhrzeigersinn, bis man wieder am Ausgang angekommen ist. Danach gut durchlüften.

● Naturpark Hessischer Spessart, Georg-Hartmann-Straße 7, 63637 Jossgrund (Übersicht der Veranstaltungen, geleitet von zertifizierten Naturparkführern: www.naturpark-hessischer-spessart.de)

Aussicht mit Bestnote

51 Am Pollasch bei Heigenbrücken

Wow, diese Aussicht ist fantastisch. Weit, richtig weit schaut man vom Pollasch aus ins Laufachtal – und noch weiter. So was ist im Spessart, dessen Berge und Hügel fast immer bewaldet sind, eine echte Seltenheit. Und deshalb unbedingt einen Besuch wert. Ob mit dem Auto (der Parkplatz ist direkt gegenüber auf der anderen Seite der Landstraße zwischen Heigenbrücken und Forst Hain) oder auf einem der Wanderwege. Zur Auswahl stehen etwa die Spessartwege 1, 2 oder 3 oder auch der Eselsweg.

Der Pollasch mit der Wodiankahütte, benannt nach einem Förster, der sich um die Erschließung des Spessarts verdient gemacht hat, ist ein lohnendes Ziel und bietet eine willkommene Rast für müde Wanderer. Der Panoramablick in Richtung Westen durchs Tal lässt einen an klaren Tagen bis Dieburg (immerhin 44 Kilometer entfernt) oder Babenhausen (30 Kilometer) blicken.

Früher war hier ein Steinbruch, auf dessen Halde heute das Ehrendenkmal der Frankfurter Hochspessartfreunde samt Fahnen steht. Ein Ehrenmal, das an die im Ersten Weltkrieg verstorbenen Vereinskameraden erinnert und zum Frieden mahnt. Heute unterhält der Spessartbund das Denkmal. Die rührige Vereinigung kümmert sich ehrenamtlich um die Markierung der Wanderwege im Spessart und bietet Wanderungen an.

TIPP
Frühmorgens ist die Sicht meist klar. Fernglas nicht vergessen! Abends gibt's schöne Sonnenuntergänge.

Hier oben am Pollasch, umgeben von der Natur und eingebettet in die Erhabenheit des Hochspessarts, wird der Blick nicht nur auf die prächtige Landschaft, sondern auch auf die Werte des Friedens gelenkt. Hier kann man Weite erfahren und von Leichtigkeit beflügelt in die Ferne blicken. Am Pollasch öffnen sich die Augen für die Tiefe der Landschaft. Er lädt zu einem Moment ein, in dem man innehalten kann, um den Frieden und die Ruhe dieses besonderen Ortes auf sich wirken zu lassen. Hier, hoch über den Alltagssorgen, kann man sich von der Natur beflügeln lassen und mit gestärktem Herzen in die Weite blicken.

● Ehrenmal auf dem Pollasch, 97843 Forst Hain im Spessart

Selfie mit Optimismus

52

Abstecher nach Wertheim in Baden-Württemberg

Dort, wo Tauber und Main zusammenfließen, in Wertheim, der selbsternannten Stadt der Optimisten, heißt es Daumen hoch. Kleine bunte Skulpturen und eine ganz große sind überall in der Stadt zu finden und strahlen mit ihrem nach oben gerichteten Finger Optimismus aus. Wertheim liegt geografisch gesehen ganz oben in Baden-Württemberg und ganz am Rande des Spessarts. Das Wahrzeichen der Stadt, die Wertheimer Burg, thront über der historischen Altstadt. Sie bietet einen atemberaubenden Ausblick auf Stadt und Flüsse. Die mittelalterliche Burg war einst Sitz der Grafen von Wertheim. Sie gehört als ursprünglich staufische Burganlage (Ausbau im 15.–17. Jahrhundert) zu den größten und schönsten Burgruinen Deutschlands mit einem tiefen Schluchtgraben und umfangreichen Wehranlagen. 1619 wurde sie teilweise durch eine Pulverexplosion zerstört und im Dreißigjährigen Krieg stark beschossen. Heute ist die Burg im Besitz der Stadt. Ebenfalls charmant ist die Altstadt von Wertheim mit ihren engen Gassen, Fachwerkhäusern und Lokalen. Über die Neugasse und Maingasse gelangt man zum lang gestreckten historischen Marktplatz mit seinen gut erhaltenen Fachwerkhäusern, die zum Teil aus dem 16. Jahrhundert stammen. Am Marktplatz Nr. 6 befindet sich eines der ältesten und gleichzeitig wohl schmalsten Häuser Frankens.

TIPP

Wer ein wenig Optimismus für zu Hause braucht: Die Skulptur gibt's in der Touristinfo zu kaufen.

Weiter geht's in Richtung Tauberbrücke, wo sich der Optimismus der Stadt zu ballen scheint. 24 kleine, exakt 44 Zentimeter hohe Wertheimer Optimisten zieren die Flussquerung und schreien geradezu nach einem Selfie. Der Künstler Ottmar Hörl hatte die Figur aus Hartplastik einst im Rahmen einer Kunstaktion in knalligen Farben zigfach fertigen lassen. Aus der temporär gedachten Installation ist ein Dauerbrenner geworden. Mittlerweile ist der Wertheimer Optimist nicht mehr aus dem Stadtbild wegzudenken. Der freundliche Gartenzwerg mit dem hoch gereckten Daumen zaubert Gästen wie Einheimischen ein Lächeln ins Gesicht.

● Innenstadt von Wertheim, 97877 Wertheim, www.wertheim.de
Touristinfo Wertheim, Gebergasse 16, 97877 Wertheim
● ÖPNV: Bus 941, Haltestelle Glasmuseum

In der Häcke

53 Ein Besuch im Schalkhaus in Elsenfeld

Einem gut gelaunten „Zum Wohl" folgt ein sanftes Gläserklingen. Die Sitznachbarn, eben noch Fremde, erzählen von ihrer heutigen Wanderung durch die nahe gelegenen Weinberge. Ein Besuch in einer der zahlreichen Häckerwirtschaften, wie es sie im südlichen Spessart am Main und in seinen Nebentälern zuhauf gibt, ist ein wunderbarer Weg, um schnell mit neuen Menschen ins Gespräch zu kommen.

Doch was ist eigentlich eine Häcke, wie es die Einheimischen sagen? Zeitlich begrenzt (meist für 2 bis 4 Wochen im Jahr) dürfen in Häckerwirtschaften, die von Weinbauern betrieben werden, selbst erzeugte Weine ausgeschenkt werden. Dazu werden regionale Gerichte serviert. Die fränkischen Weinbauern wurden früher Häcker genannt und daraus entstand der Name für die temporär geöffneten Wirtschaften. In anderen Weinbauregionen heißt diese Art von Schänken Besen- oder Straußenwirtschaft. Die Häckerwirtschaften liegen oft in kleinen Höfen oder in Weingärten, was für ganz besonderen Flair und Gemütlichkeit sorgt. Man setzt sich dazu, wo noch Platz ist, zur Not rückt man auch zusammen. In der Häcke treffen Einheimische auf Touristen und für Letztere ist es so ein Leichtes, bei einem Glas Wein Land und Leute näher kennenzulernen. Früher haben die Weinbauern für die Häckerzeit auch ihre Wohnstuben leer geräumt, um Gäste zu bewirten. In Churfranken gibt's die Häcke mindestens seit dem 16. Jahrhundert und sie wird bis heute liebevoll gepflegt.

TIPP

Wann welche Häckerwirtschaft geöffnet hat, steht auf der Internetseite im Häckerkalender.

Es gibt auch die etwas professioneller angelegten Häckerwirtschaften, die eine erweiterte Schanklizenz haben. In Rück-Schippach ist das etwa das Schalkhaus, das mittlerweile eher als Weinlokal geführt wird. Ab dem ersten Mittwoch des Monats hat es 19 Tage lang geöffnet, wird familiär geführt von Jürgen und Marion Hefner und bietet Weine aus der Lage Rücker Schalk an. Gut essen kann man im Schalkhaus auch, dessen Interieur immer wieder auf den namensgebenden Schalk anspielt. Besonders empfehlenswert: Schnitzel vom schwäbisch-hällischen Landschwein.

● Schalkhaus, Schippacher Straße 11, 63820 Elsenfeld, www.schalkhaus.de
www.churfranken.de

Ein königlicher Höhenzug

54 Der Hahnenkamm mit Ludwigsturm

Wer einen Rundblick ins weite Maintal bis nach Frankfurt, in den Taunus und den Odenwald genießen möchte, ist auf dem Ludwigsturm genau richtig. Der Steinturm steht auf dem bewaldeten Höhenzug des Hahnenkamms in 437 Meter Höhe. 1880 wurde er von einem der ältesten Wandervereine der Region, dem Freigerichter Bund, errichtet. Der Verein nennt den Turm auch heute noch sein Eigen.

Warum das Bauwerk Ludwigsturm heißt? Nach Informationen der Stadt Alzenau, auf deren Gemarkung der Turm steht, ist dies einem Ausspruch von König Ludwig I. zu verdanken. 1840 soll der bayerische Regent auf dem Hahnenkamm seinen 54. Geburtstag mit Familie und Festgesellschaft gefeiert haben und die Aussicht mit folgendem Spruch kommentiert haben: „Fürwahr ein schönes Stückchen deutscher Erde."

So ist es nicht verwunderlich, dass der Hahnenkamm zu den bedeutendsten Bergen im Spessart zählt. Am westlichen Rand des Mittelgebirges gelegen ist der Höhenzug mit seinem 19-Meter-Aussichtsturm ein beliebtes Ziel für Wanderer, aber auch für Mountainbiker. Diese finden auf dem markanten Höhenzug, der schon aus der Ferne im flachen Rhein-Main-Gebiet zu erkennen ist, die sogenannten Kammtrails. Je zwei leichte, mittlere und schwere Mountainbiketrails führen vom Bergrücken hinab. Der Domina Trail etwa hat seinen Namen von der Rotweinrebe, die im Weinberg am Rande des Trails wächst.

1883 wurde, ebenfalls vom Freigerichter Bund, auf dem Hahnenkamm eine erste Schutzhütte errichtet, an deren Stelle das Hahnenkammhaus mit dem heutigen Ausflugslokal Berggasthof Hahnenkamm steht. Nach der Turmbesteigung und der Erkundung des Gipfelwegs empfiehlt sich eine Einkehr.

Entlang des Grats führt ein kleiner Pfad zur Bildeiche. Der jahrhundertealte Baum ist ein offiziell ausgewiesenes Naturdenkmal. Durch mehrfachen Blitzeinschlag ist er innen komplett ausgehöhlt.

● Hahnenkamm, Hahnenkammhaus 1, 63755 Alzenau

Die Herberge am Bach

55

Naturfreundehaus Günthersmühle im Kasselgrund

Unermüdlich plätschert er vor sich hin, der Kasselbach, und schreit im Sommer danach, die Füße für einen Moment ins herrlich frische Wasser zu hängen und durchzuatmen. Nur wenige Meter entfernt vom Naturfreundehaus Günthersmühle fließt das kleine Gewässer durch den Kasselgrund. Das ehemalige Mühlengebäude ist lange schon Herberge, 17 Betten gibt es, dazu acht Schlafplätze im Lager. Eine große Zeltwiese samt Feuerstelle lädt zudem auf dem riesigen Freigelände zum Draußenschlafen ein. Das Idyll gehört den Offenbacher Naturfreunden, die die Mühle 1929 erworben haben und seitdem als Verein in abwechselnden Diensten ehrenamtlich bewirtschaften und verwalten.

Die Günthersmühle ist die oberstgelegene Mühle von insgesamt vier, die im Kasselgrund stehen. Gemahlen wird hier heute freilich nicht mehr, dafür bietet der Verein an den Sommerwochenenden seinen Gästen Getränke und Speisen an. Was gerade auf den Tisch kommt, steht täglich neu auf einer Holztafel, in welche die entsprechenden Papierschilder eingeschoben werden: „Kürbissuppe" steht da zum Beispiel handgeschrieben drauf, oder „Chili" und auch „Veggie-Bolognese". Kuchen gibt's natürlich auch, oft vom Blech und hergestellt mit Produkten aus der Region – darauf legt der Verein wert. Der Verkaufserlös dient von jeher der Erhaltung und dem Ausbau des Hauses.

TIPP

Zelten kann man im Spessart auf den Trekkingplätzen des Spessartbunds: (www.trekking spessart.de).

Da das Essen bekanntlich umso besser schmeckt, je mehr man seinen Körper gefordert hat, bietet es sich an, vor der Einkehr eine ausgedehnte Wanderung auf dem Natura Trail, der rund um die Günthersmühle führt, zu unternehmen. 11 Kilometer ist er lang, man ist gute 3 bis 4 Stunden unterwegs. Es geht unter anderem durch den Kasselgrund, vorbei an fünf Quellen, zum Feuchtgebiet Eschenkar, möglich ist auch ein Abstecher zu einer Ringwallanlage der Kelten, der Alteburg. Im Naturfreundehaus Günthermühle kann man ein tolles Wochenende ganz ohne Chichi verbringen. Im Herbergszimmer oder auf dem Zeltplatz. Geöffnet ist von April bis September samstags, sonntags und feiertags.

● Naturfreundehaus Günthersmühle, Günthersmühle 1, 63599 Biebergemünd
www.naturfreunde-offenbach.de

Mit Ardea rund um den See

56

Der Kinzigstausee bei Ahl

Zwischen der Brüder-Grimm-Stadt Steinau an der Straße und der Kurstadt Bad Soden-Salmünster liegt, eingeschmiegt zwischen Wald und Tal, der Kinzigstausee. Es ist ein beeindruckendes Wasserreservoir, das bis zu 7,2 Millionen Kubikmeter Wasser fassen kann. Ein Anlaufpunkt gleichermaßen für Tier und Mensch. Vor allem ist er auch für Ornithologen und Naturliebhaber ein lohnendes Ausflugsziel. Hier wird das Wasser der Kinzig aufgestaut, zum Schutz vor Hochwasser und zur Stromerzeugung.

Seit 2022 war er, bis auf wenige seichte Stellen, trockengelegt. Grund dafür war eine Sicherheitsüberprüfung der Staumauer, die seit der Entstehung des Gewässers in den Jahren 1976 bis 1979 alle 20 Jahre durchgeführt wird. Doch auch im relativ trockenen Zustand hatte das weitläufige Areal wenig an Attraktivität eingebüßt. Denn rund um die Kinzigtalsperre, wie der See auch heißt, ist in den vergangenen Jahren die Ardeas Seenwelt entstanden, eine Lern- und Erlebnislandschaft für Jung und Alt. Der Name „Ardea“ ist die wissenschaftliche Bezeichnung für den Graureiher, der am Kinzigstausee zu Hause ist. 16 Stationen verteilen sich um den gesamten See herum und laden auf einem 6,5 Kilometer langen Rundwanderweg ein, Tier- und Pflanzenwelt des Stausees kennenzulernen. Zudem wird allerhand Wissenswertes über die Funktionen eines Stausees und einer Staumauer vermittelt.

TIPP

Eine Holzkugel am Automaten neben dem Kiosk kaufen und damit die Hindernisse der Kugelbahn ausprobieren.

Lässt man sich auf die zauberhafte Natur ein, vergisst man schnell, dass es sich hier um etwas von Menschen Erschaffenes handelt. Denn die Natur hat sich die Ufer längst zurückerobert, Zugvögel machen hier Station auf ihrem Weg in den Süden. Und die Chance, den namensgebenden Graureiher zu entdecken, ist gar nicht so klein. Wer sich nach der Entdeckungstour stärken möchte, findet an dem gut bestückten Kiosk vor Ort nicht nur Kaffee und Kaltgetränke, auch kleine Mahlzeiten werden hier angeboten.

Kinzigstausee, 63628 Bad Soden-Salmünster
www.spessart-tourismus.de/ardeas-seenwelt

Magischer Kraftort

57 Die Ruine der Markuskapelle bei Schollbrunn

Am Eingang ins Haseltal erhebt sich eine stille Zeugin vergangener Zeiten – die Ruine der Markuskapelle. Ein Ort, der nicht nur von den Spuren des Bauernkriegs geprägt ist, sondern auch als ein besonderer Kraftort in der Natur anzusehen ist.
Zu Ehren der heiligen Maria wurde im Jahr 1216 eine Kapelle errichtet, mit der die Besiedlung des sich anschließenden Haseltals einherging. Wallfahrer pilgerten zur Kapelle, ab 1297 ist das belegt. Ab dem 15. Jahrhundert schmückte ein Gnadenbild die heilige Stätte, heute steht es in der Faulbacher Kirche.
Dann kam der Bauernkrieg und die Kapelle wurde zerstört und verfiel in der Folgezeit zu der Ruine, die sie jetzt ist. Man kann von Glück sprechen, dass sie noch so dasteht wie jetzt, denn viele beschädigte Spessartburgen, Kirchen oder Kapellen wurden nach und nach abgetragen, um das Baumaterial etwa für den Straßenbau andernorts zu verwenden.
Von ihrer Magie hat die Kapelle aber keineswegs etwas eingebüßt. Verfallen zwar, aber anmutig in ihrer vergänglichen Schönheit. Ihre Überreste erzählen eine Geschichte, die in den Mauern verweilt und in der Luft zu schweben scheint. Der Blick auf die Ruinen lässt die Vorstellungskraft in vergangene Jahrhunderte eintauchen, in eine Zeit, in der diese Kapelle nicht nur ein spiritueller Ort, sondern auch ein Symbol des Glaubens war. Die Ruine wirkt wie ein Ruhestifter im Haseltal, ein Ort der Stille und Besinnung. Zwischen den verwitterten Steinen und den überwucherten Spuren von Geschichte verbreitet sich eine Atmosphäre, die zum Innehalten einlädt. Der Zauber vergangener Zeiten scheint die Kapelle zu umhüllen und wird zum sanften Begleiter in diesem spirituellen Refugium. Der mystische Ort lädt ein zur persönlichen Reflexion und zur spirituellen Suche, um in der Ruhe der Ruine Antworten auf eigene Fragen zu finden.

TIPP

Der Besuch der Kapelle bei einer Vollmondnacht ist besonders mystisch.

● Ruine der Markuskapelle, südöstlich von Schollbrunn, 97852 Hasloch

Zuckerguss unter Tage

58

Das Kupferbergwerk Grube Wilhelmine

Ein Helm ist Pflicht in der Grube Wilhelmine. Jeder Besucher, der durch den Stollenmund einfährt, bekommt von Peter Popp, dem zweiten Vorsitzenden des gleichnamigen Vereins, einen solchen überreicht. Dann geht's los, durch enge Gänge und oft in geduckter Haltung – denn mehr als 1,60 Meter dürfte die Standhöhe an vielen Stellen nicht sein –, um das einstige Kupferbergwerk im bayerischen Spessart zu entdecken.

Also Kopf einziehen und ruhig mal einen Moment stehen bleiben, denn das, was es an Wänden und Decke und bisweilen auch auf dem Boden zu sehen gibt, ist faszinierend. Zuckerguss scheint an den Wänden herunterzulaufen und aus kleinen, stetigen Wassertropfen werden im Laufe von Hunderten von Jahren Stalaktiten. Grüne (Malachit) oder blaue (Azurit) gibt es in ihrer Schönheit zu bewundern. Und das, obwohl sie gerade mal wenige Zentimeter groß sind. Es sind märchenhafte Gebilde und der Drang, sie zu berühren, ist groß. Doch der Bergwerksführer warnt: „Bitte nicht anfassen, sonst wachsen sie nicht weiter." Schon die geringste Menge Fett, die unsere Haut produziert, behindert das Wachstum. Die Devise lautet folglich: Finger weg.

Tiefer im Stollen trifft man bisweilen auf eine Hochzeitsgesellschaft. Tatsächlich steht in einem der größeren Höhlenräume ein Stehpult für einen Trauredner, denn im Bergwerk Sommerkahl kann man heiraten. „Hochzeitsstollen" heißt denn auch dieser Abschnitt. Seit 2010 wurden hier rund 30 Ehen geschlossen.

Die Führung dauert etwa eine halbe Stunde und ist nach Terminvereinbarung über die Internetseite von April bis Oktober möglich. Der 300 Mitglieder starke Verein hat das zuvor stillgelegte Bergwerk im Jahr 2000 wieder für Besucher zugänglich gemacht. Hier wurde ab Mitte des 16. Jahrhunderts erst im Tagebau, später auch unter Tage eines der wenigen Kupfererzvorkommen Bayerns abgebaut. Doch schnell ließ die Rentabilität zu wünschen übrig, der Kupfergehalt des gewonnenen Erzes war zu gering und so wurde das Bergwerk 1923 stillgelegt.

TIPP

Dauerausstellung im benachbarten Vereinsheim mit Fühlkästen, Mineralien und virtueller Grubenerkundung.

● Kupferbergwerk Grube Wilhelmine, Wilhelminenstraße 67, 63825 Sommerkahl
www.bergwerk-im-spessart.de

Ein Puzzle für die Augen

59

Waldkunst von Faxe Müller im Orber Stadtwald

Ein bisschen mehr nach links und etwas nach hinten lehnen, dann vielleicht noch ein wenig strecken, bis man die richtige Position gefunden hat. Um das zu erkennen, was Faxe Müller in den Wald gepinselt hat, braucht es ein wenig Feingefühl und Geduld. Dann aber sieht man, wenn auch mit den Jahren schon ein wenig verblasst, das Wort „Zeit" auf und zwischen den Bäumen erscheinen. Möglich macht es weiße Kalkfarbe, mit der der Künstler aus dem Jossgrund über 20 Bäume geweißelt hat. Eine knifflige Aufgabe, die er sich da ausgedacht hat, musste doch alles im richtigen Winkel angemalt werden, um dem Betrachter das Aha-Erlebnis zu bescheren.

Frisch gestrichen war die WALDverWORTUNG, wie Faxe Müller sein Kunstwerk genannt hat, vor einigen Jahren noch einfach auszumachen. Jetzt ist sie durch die Vergänglichkeit zum Puzzle für die Augen geworden. Man muss die einzelnen geweißelten Elemente Stück für Stück zusammensetzen, zurechtrücken wie ein Puzzle. Die Waldbemalung soll zur visuellen Wahrnehmung des Waldes anregen und die Gedanken beflügeln. Worte wie Brot, Reise, Punkt oder Geist sind in Schablonenschrift hochkant an die Bäume gemalt. Sie alle können mit dem großen Wort „Zeit" zusammengesetzt werden. Zunächst scheinen die weißen Linien willkürlich gesetzt, ohne Zusammenhang, und wüsste man nicht, dass sich dahinter ein zusammenhängendes Wort verbirgt, es würde einem womöglich auch gar nicht auffallen. Doch ein Hinweisschild gibt Auskunft über das Mehr, das es hier zu entdecken gibt. Wo der richtige Punkt für den Betrachter ist, nämlich auf einer gegenüber positionierten Holzbank, ist ebenfalls beschrieben.

Das Verblassen der Farbe ist übrigens gewollt. Faxe Müller hat sein Kunstwerk temporär angelegt. Irgendwann wird das Weiß ganz verschwunden sein, als Ausdruck der Vergänglichkeit. Die visuellen Eindrücke sollen hierdurch noch bereichert werden. Wer die WALDverWORTUNG also einigermaßen lesbar sehen möchte, sollte sich sputen.

TIPP

Fotos der frisch angebrachten Bemalung sind zum Vergleich auf der Internetseite des Künstlers anzusehen.

● Waldkunst, Start: Wanderparkplatz Friesenheiligen, 63619 Bad Orb
www.faxe-mueller.de (rechts Richtung Tal laufen und an der zweiten Wegkreuzung links, Gehweg rund 20 Minuten)

BROT
PUNKT
REISE

Äppelwoi im Worzelkeller

60

Die Apfelweinhäcke in Wildenstein

70 Apfelbäume nennt Jochen Martin auf seinen Streuobstwiesen sein Eigen. Keine Frage, daraus macht der Wildensteiner Apfelwein, oder Äppelwoi, wie es in dem nur 50 Einwohner zählenden Eschauer Weiler oben im Wald heißt. Den serviert er seinen Gästen dreimal im Jahr. Dann nämlich, wenn Familie Martin ihre Apfelweinhäcke öffnet. Nach Weihnachten, an Ostern und um den Tag der Deutschen Einheit wird im ehemaligen Worzelkeller und im vormaligen Kuh- und Pferdestall Apfelwein getrunken. Das alte Mauerwerk ist liebevoll freigelegt, durch uralte Rundbögen gelangt man in gemütliche Sitznischen und an der Wand kann man dank alter Fotos in die Geschichte der Wildensteiner Gastronomie eintauchen. Die gibt es seit 1909, als der Urgroßvater eine Gastwirtschaft eröffnete.

Einen ordentlichen Hunger darf, wer hier einkehrt, gerne mitbringen, muss ihn mitbringen, denn die Portionen sind großzügig – und köstlich. Eine ordentliche Hausmannskost kommt auf den Tisch: Presskopf, Schwartenmagen und Leberwurst, Strammer Max und Gerupfter, Bratwurst mit Soße (nach eigenem Rezept!). Fast noch besser als die Wurst schmeckt das Brot. Das wird nach altem Hausrezept gebacken und ist so wunderbar rustikal lecker, dass auch eine pur genossene Scheibe schon beinahe glücklich macht.

Lokalprominenz sitzt hier genauso an den Tischen wie Sachsenhäuser, die sich auch gerne den Spessart-Apfelwein schmecken lassen. Wirt Jochen Martin kommt, hat er seine Spezialität, den Kochkäse, fertig gerührt (unbedingt die Variante „Wildensteiner Original" mit Musik probieren), auch gerne in die Gaststube, erkundigt sich, ob alles recht ist, und setzt sich auch mal dazu, um ein Schwätzchen zu halten. Herzlich, authentisch und humorvoll geht es in der Apfelweinhäcke zu. Hier ist man gerne Gast und bleibt auf einen weiteren Apfelwein, und dann gerne auch noch einen, sitzen.

TIPP

An Silvester trifft man sich nachmittags in der Apfelweinhäcke, um sich auf den Abend einzustimmen.

● Apfelweinhäcke Familie Martin, Wildenstein 6, 63863 Eschau

Sundowner mit Weitblick

61

Den Aussichtsturm am Fernblick erklimmen

80 Stufen mögen es ungefähr sein, die zugegebenermaßen den Puls in die Höhe schnellen lassen. Doch oben angekommen, ein wenig außer Atem, wird man umgehend für die Mühen belohnt: Weite erfahren dank eines beeindruckenden Blicks über Felder, Wiesen, Wald bis hinüber zu Taunus und Vogelsberg.

Bevor man allerdings die Metallwendeltreppe erklimmt, um die Sonne für diesen Tag zu verabschieden, bietet sich eine kleine Wanderung auf einer der Spessartspuren, den Nebenwegen des Weitwanderwegs Spessartbogen, an. „Neuseser Fernblick" heißt die Spessartspur, die direkt auf dem Rodfeld beginnt und in einem 6,3 Kilometer langen Rundweg auch wieder dorthin zurückführt. Zunächst geht es bergab, vorbei an grasenden Kühen, zur alten Rodfeldeiche und weiter ins Tal. Vom Waldrand aus gibt es viele wunderbare Aus- und Weitblicke. Entlang des Ortsrands führt der Weg sanft bergauf und gibt eine tolle Sicht auf die Vorspessart-Landschaft frei. Weiter verläuft die Spessartspur durch den Wald – Blätterrauschen und Farbzauber inbegriffen – und trifft erneut auf den Spessartbogen. Gemeinsam führen Bogen und Spur nach fast 2 Stunden zurück zum Parkplatz Fernblick.

Dort wartet der Turm darauf, erklommen zu werden. 15 Meter hoch ist die Plattform auf dem Bergzug Rodfeld, der namensgebend für den Turm ist. Er steht seit dem Jahr 2000 im Freigerichter Ortsteil Neuses, ragt als Leichtmetallgerüst gen Himmel, gewissermaßen wie ein Hochsitz am Waldrand, unmittelbar an der hessisch-bayerischen Grenze. Oben gibt es ein Münzfernrohr, das einen noch detaillierteren Blick gewährt. Im Herbst verschwindet die Sonne schon zeitig hinter den Bergen und hinterlässt ein letztes magisches Abendlicht. Mit einer Thermoskanne heißem Tee im Rucksack genießt man den Sonnenuntergang von der Plattform aus gleich noch mal so schön. Ein letzter Blick von West nach Ost streift Ronneburg und Hoherodskopf, bevor die Dunkelheit das Regiment übernimmt. Ein Wohlfühlmoment, der noch lange nachwirkt.

TIPP

Direkt neben dem Aussichtsturm serviert das Landhaus Fernblick deutsche und italienische Küche.

● Aussichtsturm Rodfeld am Fernblick Freigericht-Neuses, Auf dem Rodfeld, 63579 Freigericht

3 Minuten Eiszeit

62

Im Icelab der Spessart Therme

Drei Kammern, 3 Minuten, minus 110 Grad – so die Kurzzusammenfassung der Kältekammer in der Bad Soden-Salmünsterer Spessart Therme. Diese extreme Minustemperatur gilt es – wohlgemerkt – im Badeanzug zu durchstehen. Doch keine Angst. Das Icelab ist weder gefährlich noch unangenehm. Ganz im Gegenteil. Die positiven Wirkungen, die die eisigen Temperaturen mit sich bringen, sind vielfältig. So führt der starke Kältereiz etwa zur Desensibilisierung überreizter Nervensysteme, Endorphine werden freigesetzt und Schmerzen gelindert. Der Schlaf wird besser, ebenso die Motivation.

Um diese Benefits zu erhalten, schlüpft man in den Badeanzug, lässt Socken und Sneakers an, schützt Hände und Kopf mit Handschuhen und Mütze und die Atemwege mit einem Mundschutz (einer medizinischen Maske) vor den eisigen Temperaturen. Dann geht's hinein, in Kammer Nummer eins. Minus 10 Grad hat es hier und im Hinblick auf das, was noch kommt, ist diese Temperatur noch ziemlich warm. Ein paar Atemzüge, ein paar ruhige Schritte im Kreis, dann kommt die nächste Kammer. Mit minus 60 Grad ist es hier schon deutlich kälter. Nach einem abermals kurzen Verweilen wartet die Icelab-Hauptkammer. Minus 110 Grad. Der erste Schritt hinein ist wie ein Eintauchen in eine andere Dimension. Es gilt, ruhig zu atmen, doch das ist zu Beginn schwer, fällt aber mit fortschreitender Zeit immer leichter. Bis zu 3 Minuten darf man den Körper diesen extremen Temperaturen aussetzen. Es gibt ein Fenster, eine Kamera und eine Sprechanlage, konstanter Sicht- und Sprechkontakt zum Personal ist garantiert. Nach 3 Minuten geht es durch die beiden Vorkammern wieder in Richtung Normaltemperatur.

Draußen angekommen, macht sich ein zufriedenes Grinsen breit. Der Körper wird von einer wohligen Wärme und einem angenehm prickelnden Frischegefühl durchströmt. Schon ein paar Minuten in der Tiefenkälte hinterlassen deutliche Spuren: Man ist ausgeglichener, der Besuch wirkt sich positiv auf Aktivität und Stimmung aus.

TIPP

Nach dem frostigen Programm kann man wunderbar in der benachbarten Salzgrotte entspannen.

- Spessart Therme, Frowin-von-Hutten-Straße 5, 63628 Bad Soden-Salmünster
www.spessart-therme.de/kaeltekammer
- ÖPNV: Bus 90, 95, 99, Haltestelle Badestraße

WILLKOMMEN

Grünes Superfood

63 Das Bärlauchmeer in der Bulau

Ein grünes Meer aus zarten Blättern bedeckt im März und April an vielen feuchten Orten im Wald den Boden – es ist Bärlauchsaison. Mit dem grünen Gewächs einher geht der typische feine Duft von Knoblauch, der das Kraut, das auch als Waldknoblauch bezeichnet wird, oft schon verrät, bevor es die Augen entdecken. So auch beim Spaziergang durch die Bulau, die für ihr großes Bärlauchvorkommen bekannt ist. Aber Vorsicht, die Bulau ist Naturschutzgebiet. Sammeln abseits der Wege ist hier verboten. Deshalb unbedingt nur vom Wegesrand pflücken, das nämlich ist zumindest geduldet.

„Allium ursinum" heißt der Bärlauch mit botanischem Namen, wobei das zweite Wort namensgebend fungiert. „Ursinum" bedeutet so viel wie „für den Bären geeignet". Alle Pflanzen, in deren Namen der Bär auftaucht, wurden ehemals als besonders mächtig und heilkräftig angesehen. Der Kräuterpfarrer Johann Künzle (1857–1945) aus der Schweiz soll das wilde Kraut gar als eine der stärksten und gewaltigsten Medizinen in des Herrgotts Apotheke bezeichnet haben.

Schon immer wurde zu Frühlingsbeginn Bärlauch in der sogenannten Gründonnerstagssuppe, die aus verschiedensten Wildkräutern besteht, verwendet. Heute wird der Bärlauch auch gerne als eine Art europäische Antwort auf den Gingko bezeichnet. Sämtliche Teile der Pflanze lassen sich verwerten. Die Blätter sollen möglichst vor Beginn der Blüte geerntet werden, ansonsten könnten sie leicht herb schmecken – was aber nicht sein muss. Beim Bärlauchsammeln gilt es, genau hinzusehen. Vom Aussehen hat er Ähnlichkeit mit dem Maiglöckchen und der Herbstzeitlose. Aber: Zerreibt man die Blätter des Bärlauchs zwischen den Fingern, verströmt er seinen wunderbar unverwechselbaren Duft. Die Möglichkeiten zur Verwendung sind groß: Pestos, Bärlauchquark, Bärlauchbutter, Suppen, Bärlauchöl und Bärlauchessig. Am besten verarbeitet man ihn frisch, sodass die wertvollen Inhaltsstoffe voll erhalten bleiben. Welch ein Glück: ein Superfood direkt vor der Haustür.

TIPP

Gesammelt werden dürfen nur haushaltsübliche Mengen, etwa so viel wie ein Handstrauß.

● Naturschutzgebiet Bulau, Parkplatz des Licht- und Luftbads an der August-Schärttner-Straße, 63452 Hanau
● ÖPNV: Bus 10, Haltestelle Erlenweg

Zweisamkeit im Blätterdach

64

Das Baumhaushotel Wipfelglück in Mönchberg

Unter die warme Bettdecke gekuschelt auf dem Rücken liegend durchs Blätterdach in die Sterne gucken. Wie wunderbar! In einem der acht Baumhäuser des Baumhaushotels Wipfelglück fällt das Einschlafen bei einem so vielversprechenden Ausblick zugegebenermaßen nicht ganz so leicht. Es ist eine Auszeit der ganz besonderen Art, die man sich im Wald im Luftkurort Mönchberg nehmen kann. Zwischen und an alte Spessarteichen sind die liebevollen Baumhäuser auf hohen Stelzen in den Hang gebaut und bescheren Gästen ein naturnahes Übernachtungserlebnis mit hohem Wohlfühl- und Erholungsfaktor – 5 Meter über dem Waldboden. Und mal ehrlich, war das nicht unser aller Kindheitstraum, ein Baumhaus hoch über der Erde? Wipfelglück – der Name ist Programm, denn so eine Übernachtung im Baumhaus ist nicht nur urgemütlich, sie beschert Paaren Zweisamkeit und Familien Quality Time.

Trotz des Aufenthalts in den Bäumen mangelt es an so gut wie nichts. Auf rund 25 Quadratmetern gibt es Strom und Heizung, eine Toilette mit Waschbecken und sogar ein Kühlschrank steht bereit, um Getränke zu kühlen. Es gibt Baumhäuser für zwei oder vier Personen sowie, inmitten des Ensembles, das pittoreske Hexenhäuschen. Toll für Hundebesitzer: Vierbeiner sind hier herzlich willkommen. Der Blick von der Terrasse schweift über den Luftkurort in die Ferne und morgens wird man vom Gesang der Vögel geweckt. Dann hinaus ins Freie treten, tief durchatmen und immer weitermachen, im Entschleunigungsmodus, in den einen die umgebende Natur und die Idylle des Holzhauses von Beginn des Aufenthalts an versetzt haben. Wer möchte, bucht ein Frühstück, das im Picknickkorb ans Baumhaus geliefert wird.

Die beiden Geschäftsführerinnen Daniela und Eva-Maria Schmitt haben hier etwas Außergewöhnliches geschaffen, das ihren Gästen nicht nur einen aufregenden Aufenthalt im Wald, sondern obendrein auch ein unvergessliches Erlebnis beschert.

TIPP

Grillpaket bestellen, das mit Grill und Zubehör, Grillgut, Salat und Baguette ans Baumhaus geliefert wird.

- Baumhaushotel Wipfelglück, Am Brunnweg, 63933 Mönchberg
www.wipfelglueck.de
- ÖPNV: Bus 61, Haltestelle Rathaus

Ach du grüne Neune

65

Ein Kräuterspaziergang in den Suppentopf

Neun Kräuter sollten es schon sein für die Neunkräutersuppe, die unsere Vorfahren traditionell zu Gründonnerstag gegessen haben. Die Zahl Neun galt nämlich als magische Zahl. Welche Kräuter im Suppentopf landeten, unterschied sich je nach Region.

Im Spessart pflückt Marianne Korreng mit den Gästen ihrer Kräuterschule im Rahmen einer Kräuterwanderung im Frühling beispielsweise Brennnesseln, Giersch, Spitzwegerich, Vogelmiere, Löwenzahn, Gänseblümchen, Gundermann, Knoblauchsrauke und Taubnessel. In der freien Natur oder auch in ihrer Kräuter-Küche bietet sie einen Raum zur Beschäftigung mit Heilkräutern, die mancher bis heute noch fälschlicherweise als Unkraut bezeichnet. Doch vor allem die frischen, saftigen Triebe setzen Energie und Lebenskraft frei. Denn Superfood muss nicht von weit her kommen, wir haben es mit den wilden Pflanzen auf Wiesen und am Wegesrand quasi vor der Haustür. Sie sind grüne Kraftpakete, die unsere Selbstheilungskräfte unterstützen und das Immunsystem stärken.

Bei der Erfahrung mit den wild wachsenden Pflanzen lernen die Teilnehmer ihre Umgebung wertzuschätzen. Im mitfühlenden Betrachten und behutsamen Erkennen gewinnen sie einen tieferen Bezug zur Natur und zur Erde als lebendigen Organismus und festigen ihre Verbundenheit. Sie lernen, nur so viel zu sammeln, wie sie benötigen. Sie schulen ihren Blick für die Artenvielfalt und stärken den Nachhaltigkeitsgedanken. Auf vielfältige Weise nähern sie sich in der Kräuterküche den Heilkräutern, zum Beispiel durch das Anfertigen von Teemischungen, von Tinkturen, Sprays und Ölen, von Räucherwerk, durch die Herstellung von Salben und Cremes oder eben durch das Sammeln von Kräutern für die Alltagsküche, die Körper und Geist stärken, denn Kräutern wurden himmlische Kräfte zugeschrieben. Die Achtsamkeit, die das Pflücken von ganz von selbst mit sich bringt, macht zufrieden, lässt den Stress abfallen. Wenn im Körbchen dann pro Wildkraut je eine Hand voll Kräuter liegt, kann zu Hause die Suppe gekocht werden.

TIPP

Führungen und Kurse finden von März bis Juni sowie im September und Oktober statt.

Kräuter-Küche, Marianne Heidrun Korreng, Hermann-Löns-Weg, 63619 Bad Orb
www.kräuterküche-bad-orb.de

Leinen los

66 Mit Schiff und Rad am Main entlang

Wunderbar, wie einem hier an Deck der Wind um die Ohren bläst. Unbezahlbar die neue Perspektive, von der man vom Ausflugsschiff aus die malerischen Mainorte betrachten kann. Im Spessart-Mainland bieten beispielsweise die Reederei Henneberger in Miltenberg und der Maintalbummler in Lohr Schifffahrten an. Der Maintalbummler genießt mittlerweile sogar Kultstatus. Er schippert von April bis Oktober von Donnerstag bis Sonntag mit Rundfahrten über den Main. Mit Detlef Faßnacht steht ein echter Lohrer Binnenschiffer am Ruder.

Auf dem Fluss kann man sich im wahrsten Sinne des Wortes treiben lassen, dabei die wunderbare fränkische Landschaft genießen und sie langsam an sich vorüberziehen lassen. Seien es nun die waldreichen Berghänge des Spessarts oder die steilen Weinberge, an denen die Trauben für den Frankenwein reifen. Immer wieder finden sich prächtige Burgen, Kirchen oder zumindest deren Türme, malerisches Fachwerk, das man vom Wasser aus erspähen kann, und Klöster hoch oben am Berg.

Da am Main entlang einer von Deutschlands beliebtesten Radwegen verläuft, der Mainradweg, transportieren einige Schiffe auch Räder und Gepäck der Radreisenden, sodass man wahlweise auch eine Radwegetappe per Schiff zurücklegen kann. Eine willkommene Abwechslung und vielleicht eine Wohltat für die beanspruchten Radlerwaden. 600 Kilometer lang ist der Mainradweg insgesamt, 140 Kilometer davon verlaufen durch das Spessart-Mainland. Es lohnt aber auch, den ein oder anderen Abstecher entlang der vielen Nebenflüsse des Mains zu unternehmen, beispielsweise den Elsavatal-Radweg zu befahren, der Radler in den Hochspessart zum Schloss Mespelbrunn bringt. Empfehlenswert ist ebenso der Kahltal-Spessart-Radweg, wo es auf charmanten Wegen durch ein riesiges Streuobstwiesen-Gebiet geht. Im Sinntal schließlich durchradelt man nahezu unberührte Landschaften.

TIPP

Maintalradweg und Ausflugsschiff kombinieren, etwa auf der Strecke Lohr–Marktheidenfeld (ca. 20 km).

- Schiffstouristik, Ostlandstraße 34, 97816 Lohr am Main
  www.maintal-bummler.de
- Reederei Henneberger, Mainanlage, 63897 Miltenberg
  reederei-henneberger.com, www.mainradweg.com

Grün und Grün im Korb

67 Der Wochenmarkt am Glashaus in Altenhaßlau

Im Glashaus, einem riesigen Gewächshaus, bahnt sich der Duft von frischen Kräutern seinen Weg in die Nase. Petersilie, Basilikum, Bohnenkraut und viele weitere Kräuter werden hier großgezogen, daneben Gemüsepflanzen wie Tomaten oder Gurken.

Immer samstags, in den Sommermonaten, kann man sie bei einem Marktbesuch auf dem 15.000 Quadratmeter großen Gelände einer ehemaligen Baumschule zusammen mit vielen anderen Produkten aus der Region erwerben. So fängt der Samstag gut an. Bei einem Bummel über den Wochenmarkt in Altenhaßlau kann man sich von Ende April bis Ende Oktober prima fürs Wochenende eindecken. Auf dem Gelände des Inklusionsbetriebs Grün&Grün, einer Tochterfirma des Behindertenwerks Main Kinzig (BWMK), in dem Menschen mit und ohne Handicaps unter tariflichen Bedingungen in der Garten- und Landschaftspflege tätig sind.

TIPP
Den Einkaufskorb nicht vergessen – denn hier nimmt man gerne auch ein wenig mehr mit.

Der Renner auf dem Markt sind die Edelpilze, die in der großflächigen Pilzzucht des BWMK gezogen werden. Aromatische Shiitake-Pilze oder leckere Kräuterseitlinge gibt's hier frisch für die Pfanne. Zusammen mit Zwiebeln, die es natürlich auch vor Ort zu kaufen gibt, und einem Schuss Sahne ein wahrer Genuss.

Der Wochenmarkt ist nicht nur Einkaufserlebnis in schöner Umgebung, er ist auch ein Eintauchen in die Welt des Genießens. Vor Ort kann man sich ein Glas Wein gönnen, ein frisch gezapftes Bier vom Fass und gutes Essen sowie zum Abschluss einen leckeren Kaffee. Neben den Erzeugnissen aus der Gärtnerei gibt es auch Marktstände mit frischem Obst und Gemüse, Marmeladen und Chutneys sowie Backwaren. Dazu kommen Produkte des Bioland-Hofguts Marjoß, das ebenfalls zum Behindertenwerk gehört. Alles gemäß dem Prinzip der Nachhaltigkeit. Bei den angebotenen Produkten wird auf Regionalität und damit auf kurze Wege geachtet. Oft spielen auch regionale Bands und versüßen den Bummel mit ihrer Musik.

● Grün&Grün, Baumschulenstraße 2 a, 63589 Linsengericht-Altenhaßlau
www.gruenundgruen.de
● ÖPNV: Bus MKK 63, Haltestelle Lagerhausstraße

Das Glück ist blau

68

Die Hirschbornteiche bei Hausen

Elegant steht er da, auf einem ins Wasser ragenden Baumstamm. Der Graureiher scheint die Ruhe weg zu haben. Ein beneidenswerter Kerl. Und beeindruckend obendrein. Fast 1 Meter groß ist er. Dieses spezielle Exemplar darf einen solch zauberhaften und wildromantischen Ort sein Zuhause nennen. Das Wort ist wie geschaffen, um die wunderschönen Hirschbornteiche in der Nähe von Bad Soden-Salmünster zu beschreiben.

Es ist ruhig, sehr ruhig unten im Klingbachtal, durch das der gleichnamige Bach mäandert, bis er sich in drei immer größer werdende Teiche ergießt. Obwohl es als Naherholungsgebiet ausgewiesen ist, ist das 9 Hektar große Areal relativ wenig frequentiert und nach wie vor ein Geheimtipp für Menschen, denen die Nähe von Wasser gepaart mit Wald und Stille etwas gibt, was man in der Großstadt nicht finden kann.

TIPP

Neben dem ersten Teich gibt es ein Kneippbecken. Socken aus, Hose hoch und ab durchs kühle Nass!

Zu verdanken ist die Idylle dem ehemaligen Forstamt Salmünster, das die drei Teiche Ende der 1960er-Jahre angelegt hat. Heute kümmert sich das Forstamt Schlüchtern um die Pflege des Geländes, das von vor Grün nur so strotzenden uralten Laubwäldern umgeben ist. Um den See herum schlängelt sich ein Weg, gibt immer wieder den Blick auf das wunderbar blaue Wasser frei, wobei Bäume und Äste dabei wie ein Bilderrahmen fungieren. Einige Holzbänke laden zum Verweilen ein.

Schön ist es, eine kleine Brotzeit einzustecken und am Wasser zu genießen. Innehalten, den Vögeln bei ihren Liedern zuhören sowie dem leise plätschernden Wasser und inmitten dieses Juwels der Natur zu träumen beginnen. Hier kann man gut und gerne Mußestunden verbringen und Glücksmomente genießen. Es ist wie eine Verwöhnpause für die Sinne, eine Flucht aus dem Alltag in eine Welt, in der das Grün der Bäume und das klare Wasser der Teiche Seelennahrung bieten und wie eine revitalisierende Kraft auf Körper und Geist wirken.

● Hirschbornteiche, 63628 Bad Soden-Salmünster (Parkplatz an der Landstraße zwischen Bad Soden-Salmünster und Mernes)

Den Rucksack anschnallen

69 Unterwegs auf dem Weitwanderweg Spessartbogen

Los geht's! 90 Kilometer, von Langenselbold, dem Beginn des Weitwanderwegs Spessartbogen, bis nach Schlüchtern, seinem Zielort. Dazwischen: Wald, viel Wald. Dafür ist das Mittelgebirge schließlich bekannt. In einem Rutsch geht das freilich nicht, außer man gehört zu der Kategorie Extremwanderer. Doch hier soll es um Genuss und Entschleunigung gehen. Beides möglich auf dieser Mehrtageswanderung. Bewährt haben sich vier Etappen, die trotz des vielen Waldes mit seinen für den Spessart typischen alten Eichen und dem fröhlichen Gehämmer der Spessartspechte durchaus auch landschaftlich vielfältig sind. Etappe 1 startet in Langenselbold, wohin man bequem mit der Bahn reisen kann. Vom Kinzigtal geht es hinein in den Spessartwald und schon ist ein erstes Highlight, der Buchbergturm, zu sehen. Entlang der alten Birkenhainer Straße kommt bald der nächste Aussichtsturm, der Fernblick, in Sicht. Nach dem Verlassen der Höhe geht es auf alten Hohlwegen hinab durch tief eingeschnittene Bachtäler ins romantische Wiesental des Näßlichbaches. Vorbei am Gondelteich bis zur Mariengrotte in Freigericht. Etwas mehr als 18 Kilometer ist man dafür unterwegs.

TIPP

An den jeweiligen Etappenzielen gibt es Gasthäuser und Pensionen für die Übernachtung.

Der nächste Tag wird länger. 28 Kilometer gilt es zurückzulegen, bis man in Bad Orb ankommt. Zuvor streift man die Ortschaft Linsengericht-Geislitz, gelangt zur Breitenborner Höhe und schließlich durch den Kasselgrund in Richtung Bad Orb. Nur 11 Kilometer lang muss an Tag 3 gewandert werden. Zielort ist Mernes und bevor man dort ankommt, passiert man den Fluss Jossa, an dem übrigens auch ein wundervoller Fahrradweg mit dem schönen Namen „Perlen der Jossa“ entlangführt. Zuletzt geht's noch auf den Stacken. Tag 4 steht an und damit ist das Ziel bald erreicht. Vorher liegen allerdings 32 Kilometer Streckenlänge vor dem Wanderer. Damit ist die Schlussetappe die längste. Durchs Rohrbachtal über Hohenzell auf dem alten Eselweg läuft man bis nach Schlüchtern.

● Weitwanderweg Spessartbogen, Start der 1. Etappe: Parkplatz Buchberg, 63505 Langenselbold, www.spessart-tourismus.de/spessartbogen
● ÖPNV: RB 51, RE 50, Bahnhof Langenselbold

Spessartbogen
SPESSARTBÖGEN

Der Fischer un sei Fraa

70

Historische Gästeführung durch Marktheidenfeld

Wer ins Mainstädtchen Marktheidenfeld kommt, sollte unbedingt an einer der offenen Kostümführungen teilnehmen. Egal ob eine Runde mit dem Ausscheller, eine Tour mit dem Nachtwächter oder mit dem schrulligen Fischerehepaar Klaus und Sigrid – Teilnehmer wissen danach einiges mehr über die Geschichte von Hädefeld – so heißt die Kommune im Dialekt.

An jedem ersten Samstag im Monat führen von April bis Oktober „Der Fischer und sei Fraa" ab 10.30 Uhr am Main entlang und durch die Gassen Marktheidenfelds. Sie nehmen die Teilnehmer mit in die Zeit um 1850, als die Mainfischerei noch in voller Blüte stand und die Schiffer mit ihren Schelchen, Booten aus Holz, den Main befuhren. Der Main spielt in Marktheidenfeld bis heute eine zentrale Rolle: Schließlich hat die Schifffahrt zum Wohlstand des ehemaligen Marktfleckens erheblich beigetragen. Mit seiner unmittelbaren Anbindung an die Altstadt ist der Fluss nicht zuletzt wichtig, weil viele Touristen vor den kleinen Lokalen in den hübsch zurechtgemachten ehemaligen Fischerhäuschen mit Blick auf Kastanien- und Nussbaumallee und auf den Fluss Platz nehmen.

Kann man heute von hier aus die Ausflugsschiffe und großen Frachter beobachten, war es zur Zeit des Fischers und seiner Fraa die sogenannte Frankensau, ein Schiffstyp, der auf dem Main im 19. Jahrhundert genutzt wurde, gute 37 Meter lang und 5,6 Meter breit. Die Marktheidenfelder transportierten damit Eichenholz und Weinstein bis nach Frankfurt. Hin und zurück waren sie gute 10 Tage unterwegs. Auf dem Rückweg ging es mit Segel und den sogenannten Leinreitern, die die Frankensau am Mast gezogen haben, zurück in Richtung Heimat.

In den kleinen Gässchen, die zum Main hinunterführen, laufen die Hädefelder bis heute nicht in der Mitte. Dort nämlich ist allerhand Unrat gelandet, eine Kanalisation gab es damals noch nicht. Praktisch war man trotzdem schon. Die Damen haben Stehbrunzhosen getragen. Warum? „Da konnte man's laff lass."

TIPP

Ein Besuch im beeindruckenden Franck-Haus, einem reichen Bürgerhaus der Barockzeit.

● Stadtführung, Treffpunkt: Biergarten Mainkai (keine Anmeldung erforderlich), 97828 Marktheidenfeld, www.stadt-marktheidenfeld.de
● ÖPNV: Bus 632, 986, Haltestelle Südring

Gasthof
Hotel
zum
Löwen
henkgasse

Rollend durch den Park

71

Die Holzkugelbahn im Stadtpark Miltenberg

Die pinke Kugel ist flott unterwegs. Doch die blaue steht ihr in nichts nach. Bis kurz vor dem Zusammentreffen der Bahnen liefern sich die kleinen Holzbälle ein Kopf-an-Kopf-Rennen. Doch dann, ein Blatt auf der Bahn, und die blaue wird ausgebremst. Und so ist es die pinke, die zuerst unten ankommt. Was ein Spaß! Die Miltenberger Open-Air-Holzkugelbahn im Stadtpark ist definitiv nicht nur etwas für Kinder. Wenn die Buchenholzkugeln über die insgesamt 200 Meter lange Bahn rollen, dann bringt das auch längst erwachsen gewordene Augen zum Leuchten.

Los geht's oben an der Graubergstraße. Von da aus rollen die Kugeln in acht Abschnitten, die unterschiedlich lang sind, den Berg hinab. Ob allein oder zu zweit und damit um die Wette – einfach loskugeln und schauen, welches Rund als Erstes im Kugelfang ankommt – dieser ungewöhnliche Spielplatz macht wirklich Freude. Denn oft gibt es zwei Laufrinnen, die geradezu nach einem Kugelwettkampf schreien. Es gilt, Schikanen zu überwinden oder durch eine Art festes Flipperbrett zu rollen. Das Ende des jeweiligen Teilabschnitts markiert oft eine imposant geschnitzte Holzfigur. Blume, Gans oder Eichhörnchen geben der Kugel noch mal einen ordentlichen Drehwurm mit und fangen dann die bunten Roller sicher auf. Die farbigen Holzkugeln können direkt unten an der Kugelbahn an einem blauen Verkaufsautomaten erworben werden. Der funktioniert nach dem Prinzip Kaugummiautomat. 2 Euro rein, einmal drehen und unten kommt die Kugel raus.

Gebaut wurde die Bahn übrigens von Mitarbeitern der städtischen Forstverwaltung. Ganz zum Schluss gibt's noch ein Highlight: Da nämlich rollt die Kugel durch ein kleines Häuschen und erzeugt durch das Anstoßen von Klangstäben ein zauberhaftes Klirren. Die Kugel darf man nach dem Spiel übrigens behalten. So hat man auch danach noch eine schöne Erinnerung.

TIPP

Kleingeld einstecken! Die Holzkugeln kosten 2 Euro, die passend eingeworfen werden müssen.

● Kugelbahn Miltenberg im Stadtpark, Burgweg, 63897 Miltenberg
● ÖPNV: Bus 80, 82, 88, Haltestelle Engelplatz

Hoch über der Stadt

72 Blick vom Gelnhäuser Halbmond

Es geht bergauf. Und das ziemlich steil. Denn bekanntlich muss derjenige, der einen Ausblick haben will, hoch hinaus. In diesem Fall zum nördlichen Teil der historischen Stadtmauer der Barbarossastadt Gelnhausen.

Dort oben, hoch über den Dächern der mittelalterlichen Stadt, inmitten des Stadtgartens steht der sogenannte Halbmond. So wird der halbrund gebaute Turm in der alten Stadtmauer wegen seiner Wölbung nach außen genannt. Ursprünglich im Jahr 1535 als Aulenturm vor der Stadtmauer errichtet, diente er als Verteidigungsanlage gegen potenzielle Feinde. Dank der halbkreisförmigen Bauweise sollen die Kanonenkugeln der Feinde an der dicken Außenwand abgeprallt sein. Auf der Stadtseite war der Turm ursprünglich mit Fachwerk verschlossen. Weder Fachwerk noch das ursprünglich vorhandene Dach sind heute noch existent.

Im Laufe der Zeit hat sich auch sein Zweck gewandelt: Heute bietet der Halbmond einen tollen Ausblick über die Stadt, das Umland und das malerische Kinzigtal bis hinüber zu den bewaldeten Hügeln des Spessarts. Doch vor allem die imposante Marienkirche ist es, die am meisten ins Auge fällt. Viele Jahrhunderte wacht sie schon über die Geschichte der Stadt, wurde 1223 das erste Mal urkundlich erwähnt.

TIPP

Im Stadtgarten königlich Platz nehmen auf dem Spessart-Märchenthron. Ein beliebter Fotopoint.

Gelnhausen hat viele weitere Sehenswürdigkeiten zu bieten. Die pittoreske Altstadt bezaubert mit ihren liebevoll restaurierten Fachwerkhäusern. Sie wechseln sich mit mittelalterlicher Baukunst ab. Etwa der Kaiserpfalz – einer einstigen Wasserburg. Dem Romanischen Haus, 1180 erbaut und einst Amtssitz des kaiserlichen Vogtes. Oder dem Hexenturm, die dort beherbergten Folterinstrumente erinnern an die Zeit der Hexenverfolgung. Verfolgt wird in Gelnhausen heute zum Glück keiner mehr. Höchstens vielleicht von dem Zauber, der diese Stadt dank ihrer vielen Legenden, Märchen und Mythen umgibt.

● Halbmond Gelnhausen im Stadtgarten, Stephanusberg, 63571 Gelnhausen
www.gelnhausen.de
● ÖPNV: Bus MKK 61, 62, Haltestelle Obermarkt

612 Stufen musst du gehen

73 Das Franziskanerkloster Engelberg am Main

Da brennen die Oberschenkel! Denn wer zu Fuß hinauf zum Kloster Engelberg will, der muss exakt 612 Stufen nehmen. Engelsstaffeln werden sie auch genannt, die aus Sandstein gehauenen Steighilfen, die den Besucher zu den Franziskanern auf den Engelberg über der Ortschaft Großheubach am Main bringen – immerhin Bayerns längste steinerne Außentreppe. Doch das sei verraten: Die Mühe lohnt. Oben angekommen öffnet sich ein toller Blick den Main hinauf und hinunter. Die Geschichte verrät, dass dort, wo in vorchristlicher Zeit eine heidnische Kultstätte war, um 1300 eine Holzkapelle errichtet und dem Erzengel Michael geweiht wurde. 10 Jahre später kam eine Marienstatue dazu, die bis heute das Zentrum der Wallfahrtskirche ist. Viele Pilger kommen und beten schon seit Jahrhunderten vor dieser Statue, die von jeher als wundertätiges Gnadenbild verehrt wird. Diese Doppelverehrung von Maria und dem Erzengel gilt als Ursprung der Wallfahrt. Als die Pilgerscharen schließlich immer größer wurden, ließ der Mainzer Erzbischof 1630 ein Kloster bauen. Schön und besinnlich ist der Franziskusgarten, der dazu einlädt, in der Kapelle ein Teelicht für Verstorbene anzuzünden und einen Moment in sich zu gehen.

TIPP

Das Klosterbrot aus dem Klosterladen besteht aus 90 Prozent Roggen und ist superlecker.

Doch nicht nur Gläubige kommen hier oben auf ihre Kosten. Die Franziskaner begannen nach dem Ersten Weltkrieg auf knapp 1 Hektar Fläche Wein anzubauen. Der Engelberger Klostergarten ist heute die kleinste Weinlage Bayerns. Drei Weinsorten bringt sie hervor: Kerner, Müller-Thurgau und Bacchus. Der Wein wird im Klosterladen verkauft und steht auch auf der Speisekarte der Klosterschänke. Apropos Schänke: Freilich bieten die Franziskaner ihren Besuchern auch eine ordentliche Brotzeit oder ein gutes Stück Kuchen an. Und das seit 1916, als die erste Pilgerstube eingerichtet wurde. Im Sommer lädt ein Biergarten zum Draußensitzen ein. Was man sich auf keinen Fall entgehen lassen sollte: eine Maß oder eine Halbe vom dunklen Kreuzbergbier, das vom gleichnamigen Kloster aus der Rhön kommt.

- Franziskanerkloster Engelberg, Kloster Engelberg 1, 63920 Großheubach
  www.franziskaner-engelberg.de
- ÖPNV: Bus 80, Haltestelle Langgasse

Idyllisches Kleinod

74

Der Sindersbachsee bei Langenprozelten

Wohin zieht es sonnenhungrige Spessartbewohner an heißen Augusttagen? An den Sindersbachsee. Baden im Wasser ist dort zwar offiziell verboten, aber auf den Wiesen rund um den See lässt sich wunderbar ein Sonnenbad genießen. Und im Winter? Freilich kommen auch da Menschen zum See. Einige von ihnen trauen sich dann sogar ins Wasser. Ausgestattet mit einem dicken Neoprenanzug zieht mancher Schwimmer auch im Dezember seine Bahnen.

Der Sindersbachsee zwischen Langenprozelten und Ruppertshütten ist umgeben von viel Wald und Wiesen und verzaubert schon auf den ersten Blick, scheint er doch einladend seine Arme auszubreiten, obwohl oder vielleicht gerade weil er gar nicht besonders groß ist – gerade einmal gute 120 Meter breit und knapp 700 Meter lang ist das vor allem bei Gemündenern beliebte Ausflugsziel. Ruhige Lage und viel tolles Grün ziehen einfach magisch an. Hier wird das Motto „Draußen ist das neue Drinnen“ lebendig, und jeder Besucher wird eingeladen, eine Auszeit von der Hektik des Alltags zu nehmen.

Dem See wird eine ausgezeichnete Wasserqualität bescheinigt. Namensgeber ist der Sindersbach, der von Ruppertshütten kommend den See durchfließt und bei Langenprozelten in den Main fließt. Zu verdanken ist das Kleinod dem weiter oben im Tal gelegenen Pumpspeicherkraftwerk Langenprozelten. Der See wurde im Zuge des Kraftwerkbaus im Jahr 1976 künstlich angelegt und dient dem Kraftwerk als Rückhaltebecken – den Erholungssuchenden gibt er beim Blick über die glitzernde Wasseroberfläche das Gefühl von Ruhe und Gelassenheit, als ob die Zeit in diesem Naturparadies eine eigene, langsamere Melodie spielt. Sich diesem Rhythmus hinzugeben, bringt Entspannung und beschert Glücksgefühle. Wenn man dann im Sommer noch an die Sonnencreme gedacht hat, steht einem perfekten Tag am See nichts mehr im Wege. Im Winter kann eine Thermoskanne mit heißem Tee, am Ufer genossen, wunderbar zufrieden machen.

TIPP

Vom See aus bergauf laufen und sich die beiden beeindruckenden Becken des Pumpkraftwerks anschauen.

● Sindersbachsee, Am Sindersbach, 97737 Langenprozelten

Maximale Flauschigkeit

75 Mit Alpakas durch den Westerngrund

Zu tief sollte man einem Alpaka nie in die Augen schauen – es könnte nämlich sein, dass man sich dann mit dem „Will-haben-Virus“ infiziert. Diese großen, runden Kulleraugen blicken auch zu verführerisch drein. Und die lustigen Ohren erst, die, stets aufmerksam, sich blitzschnell in die Richtung drehen, aus der ein Geräusch an sie dringt. Auf der großen Weide der Western Alpakas in Westerngrund grasen die flauschigen Tiere gemütlich vor sich hin. Scheu vor den Besuchern, die gleich mit ihnen eine kleine Wanderung machen werden, zeigen sie kaum. Vielmehr kommen die ursprünglich aus den Anden stammenden Huftiere neugierig herangelaufen. Ihr Besitzer, Andreas Staab, ruft und lockt mit Futter und schon trabt die Herde in Richtung Offenstall. Ganz brav lassen sich die Wollknäuel das Geschirr anlegen, werden an die Leine genommen und an die Teilnehmer der Alpakawanderung verteilt.

Seit 11 Jahren züchten Laura und Andreas Staab Alpakas. Das Ehepaar geht mit den Tieren auf Ausstellungen, wo sie schon zahlreiche Preise gewonnen haben, sie lassen ihre Wolle spinnen, zu Decken oder Handschuhen verarbeiten oder zu Düngepellets pressen. Seit 4 Jahren kann man bei Western Alpakas auch Wanderungen buchen. Diese sind sehr gefragt und immer ausgebucht. Die hochintelligenten Tiere zeigen sich zu Beginn der Wanderung noch etwas widerspenstig, denn sensibel sind sie, vor allem, wenn sie vermeintliche Gefahr wittern. Da kann ein kleiner Fasan dafür sorgen, dass sich die Wandergesellschaft erst im dritten Anlauf in Bewegung setzt. Dann aber sind die Tiere flott unterwegs, laufen brav an der Leine über die Wiesen und Weiden des Spessarts und wirken auf die Teilnehmer wie ein Glücksbrunnen.

Ein Grinsen ist auf allen Gesichtern zu entdecken. Alpakas, so sagt man, fungieren wie ein Spiegel. Und so begegnen die Teilnehmer auch ein Stück weit sich selbst auf der Wanderung. Und wer seine Hand einmal tief in die Wolle eines Alpakarückens gesteckt hat, der weiß, was maximale Flauschigkeit ist.

TIPP

Wer gerne strickt oder häkelt, kann hier Rohwolle, sogar vom Wunschtier, zum Verspinnen erwerben.

● Alpakafarm Western Alpakas, Raiffeisenstraße, 63825 Westerngrund
www.westernalpakas.de

Das Freiluft-Inhalatorium

76

Soleriesel im Gradierwerk von Bad Orb

Eingebettet in die malerische Kulisse des Kurparks von Bad Orb erhebt sich ein wahres Juwel der Gesundheit: das Gradierwerk. Ein Ort, an dem die Natur ihre heilenden Kräfte entfaltet und Besucher in eine Welt der Erholung und Regeneration eintauchen lässt. Der Weg hin zu dem imposanten Bauwerk führt durch den liebevoll angelegten Kurpark, der mit seiner bunten Blumenbepflanzung im Sommer zum Staunen und Entspannen einlädt.

Schon von Weitem ist das Rauschen des Wassers zu hören und die salzige Luft zu schmecken. Und dann steht sie da, die imposante Holzkonstruktion. 155 Meter lang, ein wahres Meisterwerk der Ingenieurskunst. Das Gradierwerk wurde 1806 erbaut und ist noch als einziges von ehemals zehn Gradierwerken der einstigen Saline Orb erhalten. Doch es ist nicht nur das beeindruckende Äußere, das fasziniert; es ist vor allem die wohltuende Atmosphäre, die den Besucher umgibt, wenn er unter den feinen, salzigen Wassertropfen steht. Die Bad Orber Sole rieselt hier über Schwarzdornreisig. Durch Verdunstungskühle und Salzkristalle in der Luft entsteht ein Klima wie am Meer. Mit jedem Atemzug inhaliert der Besucher winzige Salzpartikel, die auf sanfte Weise die Atemwege befreien, Allergien mildern und das Immunsystem stärken. Die Haut nimmt die mineralreiche Luft auf, die ihr Feuchtigkeit schenkt und die Zellerneuerung unterstützt. Ein Spaziergang entlang der Gradierwände wird so zu einer Reise der Heilung für Körper und Geist. Das Gradierwerk ist für gestresste Seelen ein Ort der Beruhigung und Entspannung, ein Ort, um den Alltagsturbulenzen zu entfliehen, um sich Zeit für sich selbst zu nehmen und die heilende Kraft der Natur zu spüren. Die Gedanken werden klarer, der Geist ruhiger. Das riesige Freiluft-Inhalatorium im Kurpark erinnert daran, wie die Natur uns heilen kann und wie wichtig es ist, die Schätze unserer wertvollen Erde zu schätzen. Ein Besuch im Gradierwerk ist eine Reise, die Körper, Geist und Seele berührt und harmonisiert.

TIPP

Von Frühlingsanfang bis Ende Oktober rieselt die Orber Sole über die Schwarzdornwände. Freier Eintritt.

- Gradierwerk, Im Kurpark, 63619 Bad Orb
- ÖPNV: Bus MKK 82, 85, Haltestelle Toskana Therme

Ein Korb voller Glück

77

Picknick aus dem Regiomaten im Jossgrund

Bühlertaler Dorfkäse aus Wächtersbach, luftgetrocknete Salami in eigener Schlachtung aus Flörsbachtal, Burgjoßer Klickerwasser Himbeergeschmack. Da läuft einem doch das Wasser im Mund zusammen, oder? Und das ist nur eine Auswahl der Produkte, die der EinLaden im Jossgrund in seinen Picknickkorb packt. Lebensmittel direkt aus dem Spessart. Den Korb kann man vorbestellen und dann an den eigens dafür eingerichteten Picknickabholstationen per Zahlenschloss aus einer Behausung holen.

In Burgjoß liegt das Depot direkt an dem Wanderweg Spessartfährte Jossgrund-Runde, in Lohrhaupten ebenfalls direkt an einer der Spessartfährten mit dem Namen „Sonnenhänge Lohrhaupten". Die Stationen werden von Dienstag bis Sonntag ab 9 Uhr befüllt, die Bestellung soll zwei Werktage vor Abholung erfolgen. Neben den Abholstationen gibt es Sitzmöglichkeiten, um das Picknick komfortabel einzunehmen.

Freilich kann man einen solchen Picknickkorb auch selbst packen. Die Zutaten dafür gibt's rund um die Uhr am sogenannten Regiomaten, einem Selbstbedienungsautomaten voll bepackt mit dem Besten, was der Spessart zu bieten hat: Frische Fleisch-, Wurst- und Milchprodukte, gutes Brot und Brötchen, kleine Snacks und leckere Getränke kann man sich nicht nur fürs Picknick, auch für eine Wanderung oder fürs Genießen zu Hause ziehen. Einfach die Nummer des gewünschten Produkts eintippen, bezahlen und selbiges aus dem Fach nehmen. Der Regiomat des EinLadens steht in Lettgenbrunn. Im Spessart gibt es übrigens eine ganze Reihe solcher Regiomaten.

Wer ein kleines kulinarisches Abenteuer im Grünen genießen möchte, packt sich am besten noch eine Picknickdecke ein, macht es sich auf einer saftigen Spessartwiese gemütlich, blendet den Alltag aus und widmet sich voller Genuss den vielfältigen Leckereien aus dem Picknickkorb.

TIPP

Wer Lust auf Eis hat, kann diese ebenfalls am Regiomaten stillen. Dort gibt's auch einen Eisautomaten.

- EinLaden mit Regiomat Lettgenbrunn, Südmährer Weg 3, 63637 Jossgrund
www.einladenimspessart.de
- ÖPNV: Bus MKK 82, Haltestelle Kirche

Bühlertaler Dorfkäs
Burgjosser
KLICKERWASSER
Himbeere
Drei
Brötchen
hell

In luftiger Höhe

78

Der Churfrankensteig überm Main

Inmitten der malerischen Weinberge zwischen Erlenbach und Klingenberg am Main erstreckt sich ein faszinierendes Abenteuer: ein interessanter Felsenpfad für trittsichere Wanderer. Der Churfrankensteig ist ein kleiner, aber feiner Klettersteig, der sich entlang der Weinberghänge windet und dabei ein tolles Panorama bietet. Mit jeder Eisenstufe und jedem Höhenmeter am Stahlseil entfaltet sich die Schönheit der Weinlandschaft in ihrer vollen Pracht. Wer früh am Morgen startet, spürt eine erfrischende Brise, die die Reben umspielt und im Herbst den Duft von Trauben in der Luft trägt. Diejenigen, die auch die schwierigen Passagen gehen wollen, sollten sich obligatorisch eine Klettersteigausrüstung anschnallen und sich in die gespannten Drahtseile einhängen. Klack, klack. Sind die Karabiner eingerastet, führt die Kletterroute über teils steile Felsen. Jeder Griff, jeder Tritt verbindet mit der Natur, fordert Geschicklichkeit und verleiht ein Gefühl von Freiheit, aber auch Überwindung.

Während des Aufstiegs eröffnet sich immer wieder ein malerisches Panorama: Reihen von Reben, die sich bis zum Horizont erstrecken, und tief unten mäandert der Main. Zur Mittagszeit, wenn die Sonne hoch am Himmel steht, beleuchtet sie die Weintrauben mit einem warmen Glanz, der sich über die jahrhundertealten Terrassen erstreckt. Der Alltag verblasst in der Ferne. Friedrich Herkert, Vorsitzender des Weinbauvereins Klingenberg, hatte einst die Idee, einen Felssteig durch die Flurabteilung „Felsenröder" zwischen Klingenberg und Erlenbach anzulegen. Der Churfrankensteig ist, soweit er sich auf der alten Terrasse des Unteren Röderspfades befindet, als leicht einzustufen, wenngleich auch hier Trittsicherheit und Schwindelfreiheit erforderlich sind. Schwierige Passagen können überall auf einer Alternativroute umgangen werden – somit ist der Klettersteig auch ohne Ausrüstung zu meistern und beschert, nach gelungener Überwindung der Hindernisse, Glücksgefühle.

TIPP

Wer auch die schwierigeren Passagen gehen will, benötigt eine Klettersteigausrüstung.

● Churfrankensteig, Klingenberger Straße, 63911 Klingenberg am Main
● ÖPNV: Bus 61, 67, Haltestelle E-Werk

Unterwegs mit Engeln

79 Die Weihnachtserlebnisführung in Gelnhausen

Jahr für Jahr verzaubert die historische Weihnachtserlebnisführung in der Gelnhäuser Altstadt die Besucher mit ihren lebendigen Geschichten aus der Geschichte. Ob besinnlich, lustig, spannend oder nachdenklich – an den zwölf verschiedenen Stationen führen die Gelnhäuser Erlebnisführer durch die Straßen und jeder Winkel erzählt eine Geschichte längst vergangener Weihnachtszeit. Die verzauberte Atmosphäre lässt die Vergangenheit zum Leben erwachen. Die Altstadt erstrahlt in einem warmen Glanz, während sich der Hauch von winterlicher Magie in der Luft ausbreitet.

Obwohl mehrere Hundert Besucher an den Führungen teilnehmen, gibt es kein Gedränge, denn die Gäste werden in mehrere Gruppen aufgeteilt und auf einem ausgeklügelten Rundweg von Station zu Station geleitet. In den kleinen Gassen und Fachwerkhäusern erzählen lebendige Nikoläuse, süße Engel, drollige Schneemänner, zauberhafte Schneeköniginnen, Christkinder, Rauschgoldengel und viele weitere weihnachtliche Akteure, gespielt von den Bewohnern Gelnhausens, von längst vergangenen Tagen, als die Traditionen und Bräuche der Weihnachtszeit noch tief in den Herzen der Menschen verankert waren. Untermalt von Gesang oder Musik und mit einer Tasse Glühwein verschwimmen so die Grenzen zwischen Realität und Fantasie, während ein Hauch von Magie die Straßen belebt.

TIPP

Schnell sein, die Führungen sind heiß begehrt!

Die authentisch gestalteten Kostüme der rund 150 Akteure, die in liebevoller Handarbeit Jahr für Jahr neu- oder umgestaltet werden, und die lebendigen Charaktere verleihen der Führung eine tiefe emotionale Verbundenheit mit der Weihnachtszeit, aber auch mit der Barbarossastadt Gelnhausen. Ein wahrhaft märchenhaftes Ambiente. Kann es eine schönere Einstimmung auf die Weihnachtszeit geben?

Die Führungen finden immer am ersten Adventswochenende statt. Der Vorverkauf für die Weihnachtsführung beginnt jährlich im Oktober über die Touristinformation.

- Weihnachtserlebnisführung, Treffpunkt: Obermarkt, 63571 Gelnhausen, www.gelnhausen.de
- ÖPNV: Bus MKK 62, Haltestelle Untermarkt

Wiesen voller Karos

80

Die Schachbrettblumenblüte im Sinntal

Im zauberhaften Sinntal bringt die Natur ihre eigenen Meisterwerke hervor: Hier erblüht im Frühling die Schachbrettblume und verzaubert die Herzen der Menschen, die sich Jahr für Jahr an der purpurnen Pracht erfreuen. Die Seltenheit steht ganz weit oben auf der Roten Liste der geschützten Pflanzen.

Diese hübsche botanische Rarität lockt mittlerweile Besucher von nah und fern an, die dem einzigartigen Naturschauspiel beiwohnen. Rund um Altengronau und Jossa, im Sinntal, findet sich auf 92 Hektar Sinnwiesen – davon stehen 72 Hektar unter Naturschutz im Naturschutzgebiet Sinnwiesen-Altengronau – der größte zusammenhängende Schachbrettblumenstandort in Mitteleuropa. Jedes Jahr werden in den Schachblumengemeinden anlässlich des violetten Blütenrauschs entsprechende Feste gefeiert. Über zehn Millionen Blüten sollen es sein, die dann das Sinntal in einen purpurfarbenen Teppich verwandeln. Wer aufmerksam hinsieht, entdeckt vielleicht die Erdhummel, die beständig für die Bestäubung der Schachblume sorgt.

Naturparkführer des Spessarts geben auf sachkundigen Führungen über eigens vom Naturpark Spessart ausgewiesene Schachblumenwege durch das Naturschutzgebiet ihr Wissen über die Schachbrettblume weiter. Wer die Augenweide auf eigene Faust entdecken möchte, kann einen Weg mit Erklärungstafeln beschreiten. Dieser Rundweg beginnt am Parkplatz an der Mündung der Jossa in die Sinn und führt durch das Sinntal zum gegenüberliegenden Radweg R2, der im Main-Kinzig-Kreis das Tal der Schmalen Sinn und der Sinn begleitet.

Die Naturschönheit wird 15 bis 30 Zentimeter hoch. Die violetten glockenförmigen Blütenblätter sind schachbrettartig gezeichnet. Sie erblühen, je nach Witterung, etwa von Mitte April bis Anfang Mai, wobei jede Blume ihre Pracht nur 5 Tage zeigt. Im Sinntal hat diese zu den Liliengewächsen zählende Seltenheit ein einzigartiges Refugium gefunden, das auch von den Landwirten gepflegt wird.

TIPP

Die Schachbrettblumen bitte nicht pflücken, sie sind streng geschützt!

- Schachbrettblumenwiesen, Frankfurter Straße, 36391 Sinntal (Jossa/Altengronau)
- ÖPNV: Bus 8056, Haltestelle Jossa

Bibliografische Informationen der Deutschen Nationalbibliothek
Die Deutsche Nationalbibliothek verzeichnet diese Publikation in der Deutschen Nationalbibliografie; detaillierte bibliografische Daten sind im Internet über http://dnb.d-nb.de abrufbar.

Konzeption/Satz: Droste Verlag, Düsseldorf
Einbandgestaltung und Illustrationen: Britta Rungwerth, Düsseldorf, unter Verwendung von Bildern von © Fotolia.com: jd – photodesign.de; © iStock: Plociennik Robert
Fotos: Kerstin Biehl, außer:
Smilla Biehl (S. 44, S. 61); Pietro Cataldo (S. 29, S. 36); Andrea Ladenthin (S. 61)
Textlektorat: Ute König, Kitzingen

FSC www.fsc.org MIX Papier | Fördert gute Waldnutzung FSC® C011279

Druck und Bindung: LUC GmbH, Greven
ISBN 978-3-7700-2557-2

www.droste-verlag.de